LA
JUSTICE FISCALE
EN ALGÉRIE

PAR

Emile CHAUVIN

PROFESSEUR AGRÉGÉ D'ÉCONOMIE POLITIQUE A LA FACULTÉ DE DROIT D'ALGER
LICENCIÉ ÈS-LETTRES, LICENCIÉ ÈS-SCIENCES MATHÉMATIQUES

ALGER
IMPRIMERIE ORIENTALE FONTANA FRÈRES
3, RUE PELISSIER, 3

1913

LA JUSTICE FISCALE EN ALGÉRIE

LA
JUSTICE FISCALE
EN ALGÉRIE

PAR

EMILE CHAUVIN

PROFESSEUR AGRÉGÉ D'ÉCONOMIE POLITIQUE A LA FACULTÉ DE DROIT D'ALGER

LICENCIÉ ÈS-LETTRES, LICENCIÉ ÈS-SCIENCES MATHÉMATIQUES

ALGER

IMPRIMERIE ORIENTALE FONTANA FRÈRES

3, RUE PELISSIER, 3

1913

AVERTISSEMENT

On a cru devoir réunir ici 6 articles publiés dans l'Echo d'Alger du 6 au 11 décembre 1912.

On avait essayé d'y préciser quelques points de fait qui dominent le problème grave et difficile de la répartition des richesses et des charges fiscales en Algérie. Cette question a une grande importance pratique : elle touche au régime général de la colonisation algérienne ; elle est impliquée dans toute étude un peu approfondie des rapports entre indigènes et européens ; enfin on l'agite habituellement dès qu'on parle d'une politique musulmane dans l'Afrique du Nord.

On ne pouvait donc pas la traiter sans s'efforcer de jeter quelque clarté sur les éléments premiers du débat : il fallait donner sur les sources du budget algérien des éclaircissements qui obligeaient à des figures et à des tableaux de chiffres. Il devenait dès lors peu probable que les lecteurs d'un journal quotidien puissent tirer un complet profit d'un travail dont les diverses parties doivent être aperçues d'ensemble.

On a profité de cette réimpression pour compléter, par l'évaluation du cheptel vif et du vignoble, l'aperçu relatif à la propriété immobilière et on a ainsi retrouvé les mêmes résultats par un chemin un peu plus long mais qui côtoie d'un peu plus près la réalité.

E. C.

La Justice Fiscale en Algérie

CHAPITRE I

Les sources de l'impôt en Algérie.

Il y a, en Algérie, cinq millions de contribuables, dont 4.259.000 indigènes et 746.000 européens. Ces contribuables ont payé en 1911 un peu plus de 109 millions d'impôts directs ou indirects, communaux, départementaux ou d'Etat.

On demande si les européens et les indigènes supportent également ou équitablement cette charge fiscale, ou bien, si, au contraire, les indigènes ne paient pas presque tout en ne profitant de presque rien, alors que les européens profitent et ne paient pas.

Ce problème de statistique financière est doublement intéressant : d'abord, parce qu'il pose une question de justice et qu'il n'y a pas de fossé de civilisation ni de religion qui puisse empêcher la conscience française de crier au voleur, si un homme paie ce qu'il ne doit pas et si un autre s'enrichit à ses dépens, fussent-ils situés sur les deux rives opposées de l'Islam et de la Chrétienté ; ensuite parce que, si la question de l'indigénat et la proposition de M. Rozet tendant à supprimer les pouvoirs disciplinaires des administrateurs viennent en discussion devant la Chambre, il est probable que des accusateurs passionnés se lèveront, qui feront le procès de l'œuvre française dans l'Afrique du Nord, et qui affirmeront que nous avons installé ici une singulière division du travail, les indigènes supportant toutes les charges et les européens ayant tous les profits.

On peut même dire que l'accusation a déjà pris corps puisque, dès le mois de juin dernier, la délégation indigène, conduite par M. Bentami, a réclamé au § 3 d'une brochure contenant le résumé de ses doléances, *une révision du système fiscal s'inspirant du principe de l'égalité dans la répartition des charges* ; puisqu'au même moment, M. le percepteur Bourde a écrit dans le « *Temps* », que *les indigènes sont, vis-à-vis des colons, dans la situation de vaincus condamnés envers les vainqueurs à des tribus accablants* (1) ; puisqu'enfin, le Gouverneur Général ayant simplement dit qu'il entendait s'appliquer « à atténuer le poids des impôts pour les indigènes et à les mieux répartir » (2) M. Bourdarie, de la Revue indigène, lui a déclaré tout net que *si la littérature de M. Lutaud peut suffire à ses délégués financiers, elle est totalement incapable de satisfaire l'opinion métropolitaine éclairée.*

Ainsi, le débat est ouvert, et il ressemble à une bataille engagée. C'est qu'il est, à vrai dire, un épisode de la grande lutte qui met en ce moment aux prises, d'un côté les tenants d'une alliance franco-arabe renouvelée de l'Empire, et, de l'autre, les disciples de la Révolution et de Bugeaud, partisans persévérants d'une assimilation progressive des indigènes.

Il est donc nécessaire, puisqu'en fin de compte c'est l'opinion publique et parlementaire qui départagera ces adversaires, qu'elle soit éclairée et qu'elle fonde son jugement plus sur des chiffres que sur des passions.

Or, il serait bon pour cela que l'on sût avec quelqu'exactitude :

1° Quelle est l'importance générale et la nature des charges fiscales supportées en Algérie par les européens et par les indigènes ;

2° Quelle est la part de ces charges incombant aux uns et aux autres ;

3° Quelle est la part de profit retirée de l'ensemble des dépenses publiques par les deux classes de contribuables algériens.

Et c'est seulement ensuite qu'on pourra porter sur l'œuvre passée un jugement et faire sur l'œuvre future des prophéties ou un programme.

*
* *

Essayons de dégager sur ces trois points des idées claires ; et d'abord, traçons le tableau résumé des impôts payés par les contribuables algériens.

La charge totale a été, pour l'exercice 1911 de 109 millions environ. Ré-

---

(1) Revue Indigène, tirage à part du *Temps*, page 6.
(2) Revue indigène, tirage à part du *Temps*, page 37.

présentons-la par le graphique suivant, où les rapports statiques des éléments fiscaux sont symbolisés par des surfaces et où un centimètre carré correspond à un million. Une telle analogie s'adresse à l'imagination, et cela est didactiquement meilleur, car il est plus aisé d'imaginer des rapports quantitatifs que de les exprimer analytiquement :

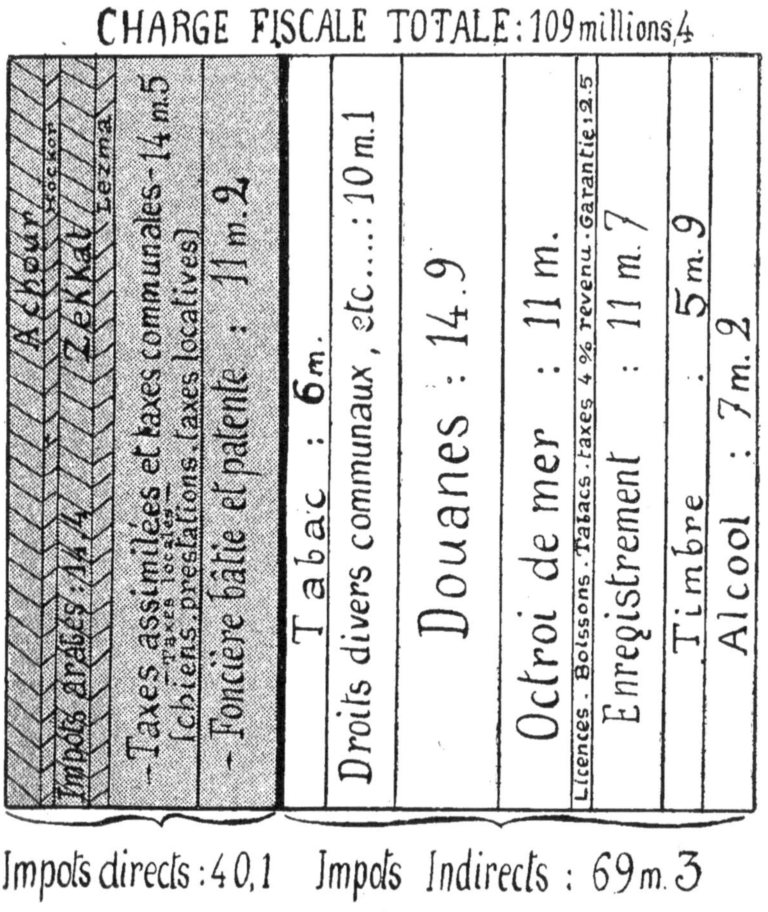

FIG. 1

Envisageons donc notre tableau : Sa surface = 10 × 10,9 ; elle symbolise en tout 109 millions, 4.

Il présente d'abord deux grandes divisions : le rectangle teinté correspond aux *impôts directs*. Ce sont ceux par lesquels on atteint du premier bond, directement, par un rôle nominatif, et proportionnellement à sa fortune, le véritable contribuable en supprimant tout intermédiaire entre le fisc et lui.

Au contraire, le grand rectangle, dont la surface est de 63 % de la surface totale, correspond aux *impôts indirects*. Ce sont ceux par lesquels on ne se propose d'atteindre le vrai contribuable que par ricochet, en mettant des intermédiaires entre lui et le fisc, en percevant les droits à l'occasion d'un fait ou d'un acte, en renonçant par suite à toute personnalité et à presque toute proportionnalité de l'impôt et de la faculté contributive (1).

Examinons le rectangle des impôts directs : Il est lui-même la somme de trois rectangles dont les surfaces sont entre elles comme 14,4, 11,2 et 14,5. Elles correspondent aux trois grandes sources de l'impôt direct algérien :

La première s'appelle « les impôts arabes » ; il y en a quatre, savoir :

1° L'Achour, autrefois dîme due par tout Musulman, est un impôt sur le revenu portant sur la récolte des céréales, assis sur une unité artificielle, la Charrue (étendue de terrain que peut labourer une paire de bœufs, variable suivant les régions), et affecté, sauf dans le département de Constantine, d'un certain cœfficient, fonction de la qualité de la récolte. L'Achour rend 6 millions ;

2° Le Hockor, spécial à la province de Constantine, ancien tribu (kharadj) imposé aux terres conquises par l'Islam, se superpose à l'Achour avec une pareille assiette et rend un million ;

3° Le Zekkat, impôt sur les bestiaux, ancien prélèvement coranique d'un chameau sur trente, un bœuf sur quarante, etc., est un système de taxes de capitation par animal ; il rend 5 millions et demi ;

4° La Lezma est un impôt de remplacement de l'Achour et du Zekkat, spécial à la Kabylie et à quelques autres parties de l'Algérie. Il est tantôt une capitation graduée et de quotité (Grande Kabylie), ou au contraire due par la tribu et répartie entre ses membres (Mzab, Ouargla), tantôt un impôt par foyer (Lezma des feux), tantôt une taxe sur les palmiers (Sud Algérien et Constantinois).

Ces diverses espèces de Lezma rendent à peu près deux millions.

La deuxième tranche de notre premier rectangle comprend la contribution des patentes établie dès le début de la conquête, exactement calquée sur le système français de 1844 et de 1880, et la contribution foncière bâtie née en 1884 et fixée en 1891 à 3,2 % du revenu net. Le tout, y compris les centimes départementaux et communaux rend plus de onze millions.

Enfin, la troisième tranche représente l'ensemble des taxes locales : d'abord les taxes assimilées, redevances des mines, poids et mesures etc... qui fournissent environ 500.000 fr., puis la taxe sur les loyers payée au profit des communes par chaque habitant français, étranger ou indigène non indigent et qui rapporte 3 millions ; la taxe des prestations, 10 millions et demi et la taxe sur les chiens, 300.000 francs.

---

(1) Leroy-Beaulieu. — Traité de la science des finances, I, p. 305.

Abordons maintenant notre deuxième rectangle. Il se subdivise en huit tranches, savoir :

1°. — L'impôt sur le tabac créé en 1906, comprenant un droit de reconnaissance sur les tabacs en feuille et un droit de consommation intérieure frappant tous les tabacs importés et fabriqués. Il produit 5 millions, 9.

2°. — Les droits divers alimentant les budgets communaux, droits de marché, taxes d'abatage, etc... comptés pour 10 millions, 1.

3°. — Les droits de Douane, qui font entrer 14 millions, 9 dans les caises ;

4°. — L'octroi de mer, établi en 1844 au profit des communes aux portes de mer sur les marchandises de toute provenance, étendu en 1884 aux produits algériens, et qui rapporte près de 11 millions ;

5°. — Les licences sur les boissons et tabacs, la taxe de 4 % sur le revenu des valeurs mobilières, les droits de garantie, timbres des expéditions et quittances, etc., formant ensemble environ 2 millions et demi.

6°. — L'Enregistrement, introduit dès 1831, moins dans un but fiscal que pour donner quelque sécurité aux acquéreurs d'immeubles, et régi depuis 1841 par les mêmes textes qu'en France, sous cette réserve que le montant du droit n'est que de la moitié du droit français. Il produit en 1911 plus de 11 millions et demi.

7°. — L'impôt du Timbre, établi en 1843 et identique à l'impôt français ; il produit 6 millions.

8°. — La taxe de consommation sur les alcools introduite en 1892, fixée d'abord à 30 francs l'hectolitre et successivement majorée depuis. Elle rend plus de 7 millions.

Nous embrassons ainsi, comme d'une seule vue, le tableau des principaux impôts auxquels il suffirait d'ajouter les produits des monopoles et exploitations d'Etat, ceux du domaine, les ressources exceptionnelles, les recettes d'ordre et les recettes extraordinaires (fonds d'emprunt et fonds de réserve) pour retrouver le budget algérien total (budget spécial et budgets départementaux et communaux).

Nous connaissons la charge qui pèse sur les épaules des contribuables algériens et ses éléments principaux.

Il s'agit maintenant de savoir qui la supporte et dans quelles proportions les indigènes et les européens s'en partagent le poids.

CHAPITRE II

La Répartition de la Charge fiscale.

Un tel problème implique une triple étude.

Il faut, en effet, déterminer d'abord dans quelle mesure les indigènes participent en général au paiement de chaque espèce d'impôt ; il faut donc établir pour chaque espèce d'impôt un certain *cœfficient de participation*, au moyen duquel nous pourrons écrire les conditions d'équilibre du système actuel et tracer le tableau statique du partage de la charge. Nous en déduirons, si bon nous semble, une répartition moyenne imaginaire par tête.

Il faudra en second lieu envisager l'évolution dans le temps de cette répartition, en exprimer la loi, s'il y en a une, et tracer en tous cas les courbes représentatives des variations des charges en fonction du temps.

Nous serons alors capables de décrire exactement la répartition totale de la charge sur les deux classes de contribuables.

Mais à ce moment, une nouvelle question surgira devant nous :

Parce qu'en effet une charge fiscale n'est vraiment mesurée que par le *sacrifice* qu'elle représente, et parce que le franc que le pauvre donne au fisc le prive mille fois plus que le dernier écu retiré de son sac ne prive le financier, il faudra examiner comment la fortune mobilière et immobilière de l'Algérie est répartie entre les indigènes et les européens et comparer cette répartition à celle de l'impôt. Nous pourrons alors déterminer la répartition véritable de la charge fiscale en tenant compte de la définition réelle de cette charge.

*
* *

Essayons de résoudre le problème préliminaire et essentiel des *cœfficients de participation*.

Il est certain d'abord qu'il y a dans le tableau de la charge fiscale totale certains éléments pour lesquels ces cœfficients apparaissent à première vue :

D'une part, en effet, le cœfficient indigène est 1 et le cœfficient européen est 0 pour les contributions arabes — d'autre part, on peut dire avec une suffisante exactitude que le cœfficient indigène est voisin de 0 pour les droits de consommation sur les alcools, et nous devons ainsi, dès maintenant, marquer dans le tableau reproduit ci-dessous, par des hachures symbolisant la part indigène, tout le rectangle des impôts arabes et épargner au contraire presqu'entièrement le rectangle de l'alcool.

Mais comment déterminer les autres cœfficients que nous savons seulement être situés quelque part entre 1 et 0 ?

C'est évidemment à une série d'observations expérimentales qu'il faut s'en rapporter :

En ce qui concerne les contributions directes, la garantie, les licences, la presque totalité des perceptions d'enregistrement, le dépouillement des matrices, états et registres permet de déterminer exactement le cœfficient. — Quant aux impôts de consommation, douanes, octroi de mer, tabacs, on peut encore concevoir que les administrations qui perçoivent l'impôt se livrent à des recherches de détail sur l'origine des versements, susceptibles de déterminer avec une approximation suffisante le cœfficient demandé.

Seulement, il est évident qu'un tel travail est considérable et qu'il implique un effort d'ensemble que la machine administrative peut seule accomplir.

Or, voici ce qui a été fait :

Dès 1892, des tentatives de détermination des cœfficients ont eu lieu. M.

Clamageran a estimé que le cœfficient indigène moyen était de 0,521 (ils payaient suivant lui 36 millions contre 33), et M. Girault (1) pense qu'en 1908, il est descendu à 0,5, les indigènes supportant la moitié de la charge totale.

Mais de telles évaluations manquent à la fois de justifications et de précision. C'est pourquoi d'autres recherches ont été entreprises : Dès le 17 mars 1896, le Conseil Supérieur de Gouvernement a décidé « qu'une étude spéciale serait faite dans le but de fixer les charges fiscales qui pèsent individuellement sur les européens et les indigènes », et le 11 août suivant, M. Cambon, Gouverneur Général, a chargé de ce travail une commission ; elle comprenait notamment M. Bouvagnet, conseiller de gouvernement ; M. de Saligny, inspecteur des finances ; les directeurs des domaines et des contributions directes et diverses. Cette commission a dressé un tableau général des charges fiscales, semblable à celui que j'ai tracé ici, et elle a recueilli pendant six mois les renseignements fournis par les chefs des services financiers et par les autorités préfectorales et divisionnaires. Ensuite un fonctionnaire, entièrement indépendant du Gouvernement Général et de l'Administration algérienne, M. de Saligny, inspecteur des finances, a contrôlé ces documents et les a mis en œuvre dans un rapport présenté au nom de la commission en 1898 (2).

Voici les cœfficients de participation adoptés par M. de Saligny, d'après les résultats financiers de l'exercice 1895. :

1° *Impôts directs*. — Contributions foncière et patentes, 0,19 ; taxes locales, communales et assimilées, 0,67 ;

2° *Impôts indirects*. — Enregistrement et timbre, 0,14 ; licence boissons, 0,0025 ; licence tabacs, 0,5 ; garantie, 0,07 ; taxe de 4 % sur le revenu, 0,00.

M. de Saligny n'a cru devoir évaluer ni les douanes, ni l'octroi de mer, ni les droits divers communaux.

Mais entre 1898 et 1908, un nouveau travail a été entrepris, plus complet et assis sur des chiffres plus récents ; il a abouti à une évaluation formulée par M. Cochery dans son rapport sur le budget de 1909. Voici les cœfficients de M. Cochery :

. 1° *Impôts directs*. — Patentes et foncière bâtie, 0,19 ; taxes locales (loyers, prestations, chiens), 0,7 ;

2° *Impôts indirects*. — Enregistrement et timbre, 0,14 ; licence boissons, 0,03 ; licence tabacs, 0,5 ; garantie, 0,3 ; taxe de 4 %, 0,00. (3)

M. Cochery a ajouté les cœfficients nouveaux suivants : tabac consom-

---

(1) Traité de Législation coloniale, t. III, p. 175.

(2) Commission d'étude des charges fiscales. Rapport. Alger, Gojosso, in-8° 1898.

(3) Ce coefficient parait devoir être aujourd'hui remplacé par celui de 0,1 car les indigènes qui possèdent des valeurs mobilières sont nombreux. Cette modification ne majore d'ailleurs la charge indigène que de 38.000 fr. puisque le produit de la taxe de 4 % n'est en 1912 que de 384.000 fr. Ceci est pratiquement négligeable.

— 12 —

mation, 0,66 ; taxes municipales, 0,41. Quant aux douanes et à l'octroi de mer, il a évalué la répartition en admettant que l'indigène consomme par tête un huitième de ce que consomme un européen, s'il est en commune de plein exercice, et un quarantième s'il est en commune mixte. Il s'est rallié à ces chiffres parce que ce sont ceux d'après lesquels on a décidé, après une étude approfondie, de répartir entre les communes le produit de l'octroi de mer.

Appliquons donc les cœfficients ainsi obtenus, déterminés on le voit par une recherche expérimentale poursuivie de 1896 à 1908 et entourés ainsi du maximum de garanties. Si l'on considère les résultats financiers de l'exercice 1911, on obtient une répartition symbolisée par le tableau suivant :

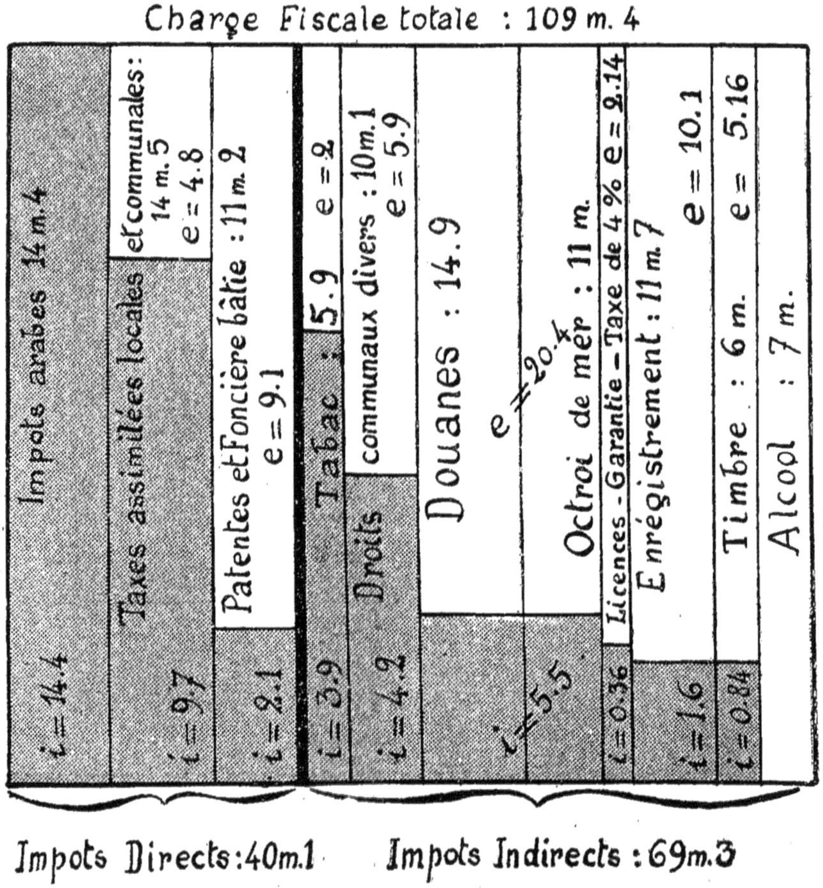

Charge Fiscale totale : 109 m. 4

FIG. 2

On voit que, pour les impôts directs, les Indigènes paient :

1° L'intégralité des impôts arabes (= 14,4) ;

2° 0,7 des taxes locales (= 9,7) ;

3° 0,19 des 11 millions, 2 de patente et foncière bâtie (= 2,1).

Quant aux impôts indirects, ils paient :

1° 0,66 des 5 millions, 9 du tabac (= 3,9) ;

2° 0,41 des droits communaux divers (= 4,2) ;

3° 5.529.000 sur les douanes et l'octroi de mer ;

4° 0,16 des licenses, garanties et de la taxe de 4 % : (= 0,36 millions) ;

5° 0,14 des 11 millions, 7 d'enregistrement et des 6 millions de timbre (= 1,6 + 0,84) ;

6° 0 sur l'Alcool.

Et l'on constate, en fin de compte, que les indigènes supportent 41 % de la charge fiscale totale (surface teintée de notre croquis et les européens 59 % (surface blanche).

On constate en outre que, pour les impôts directs la contribution des indigènes est de 65 % et seulement de 27 % pour les impôts indirects lesquels représentent eux-mêmes 63 % de la charge fiscale totale.

Evaluons maintenant la charge moyenne par tête : Si l'on tient compte de ce que les européens ne sont que 746.510, tandis que les indigènes sont 4.259.474, on trouve que la charge par tête d'habitant est de 86.50 pour les européens, et de 10,53 pour les indigènes.

CHAPITRE III

L'Evolution de la charge fiscale dans le temps

L'importance de ces constatations est évidente ; elles conduisent à penser que pour l'exercice 1911, il est vraiment difficile d'accepter la formule retentissante de M. le percepteur Bourde et du journal *Le Temps*, proclamant que les indigènes sont vis-à-vis des colons, *dans la situation de vaincus condamnés envers les vainqueurs à des tributs accablants.*

Mais prenons garde que peut-être l'année 1911 a été une année exceptionnelle, que avant et après cet exercice, la répartition a sans doute été différente, que demain probablement l'énormité et l'injustice du fardeau qui pèse sur les épaules musulmanes va se révéler, et que le tribut accablant des vaincus, un instant dissimulé, va se montrer à nouveau dans toute son horreur...

Une telle objection est concevable ; il faut l'examiner. Aussi bien ce serait user d'une mauvaise méthode scientifique que de prétendre décrire un fait social sans en esquisser l'histoire.

Essayons donc, de retracer sommairement l'évolution dans le temps de cette répartition des charges fiscales algériennes, que nous avons caractérisée d'après les derniers résultats financiers connus.

⁎⁎

Nous examinerons d'abord l'histoire des impôts arabes, puisqu'ils sont la plus grosse part des impôts directs payés par les indigènes.

Or, voici le diagramme de cette variation :

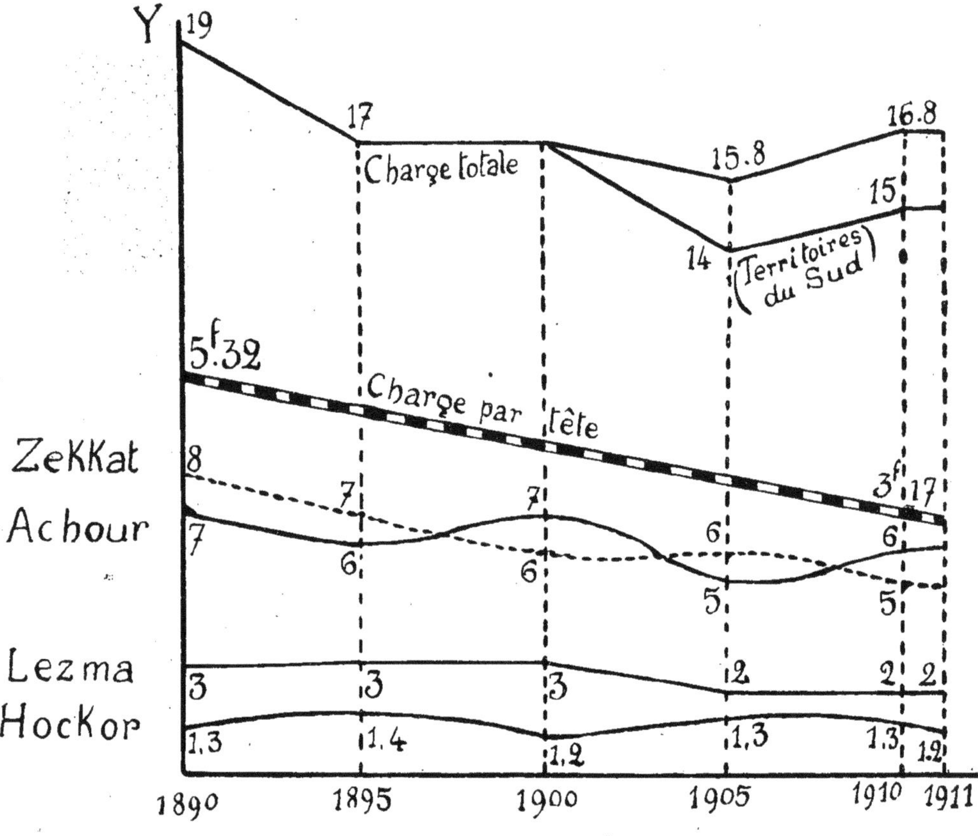

FIG. 3

La courbe supérieure représente le montant global des quatre impôts depuis 1890 jusqu'à 1911 ; les quatre courbes inférieures font connaître le détail des fluctuations de chacun d'eux.

On voit que toutes ces courbes ont passé par un maximum vers 1890 et par un minimum vers 1897 ; il faut, en effet, ajouter environ 1,8 aux résultats postérieurs à 1904, si l'on veut tenir compte des impôts relatifs aux territoires du Sud. En faisant cette correction, on trouve que le rendement moyen a été de 17 millions environ, aussi bien de 1890 à 1900 que de 1900 à 1911. En revanche, et parce que la population a augmenté sans cesse depuis 1890, la charge par tête a régulièrement diminué de 5,32 par tête (avec 3 millions 500.000 indigènes) en 1890, à 3,47 en 1911.

Cette diminution considérable du rendement réel tient notamment à la diminution du nombre des charrues grâce au perfectionnement de l'outillage et aux maladies du bétail. Quoi qu'il en soit, le résultat est certain et la décroissance de la charge indigène se présente comme un mouvement constant dont l'exercice 1911 n'est qu'une résultante.

Que si l'on envisage maintenant le total des impôts directs, on trouve, pour la période 1901-1911, les variations suivantes : La charge indigène passe de 25 millions = 6,08 par tête, à 26 millions = 6,18 par tête. Pendant ce même temps, la charge européenne a passé de 9 millions = 14, 8 par tête, à 14 millions = 18,4 par tête. Ces variations sont symbolisées dans le graphique suivant :

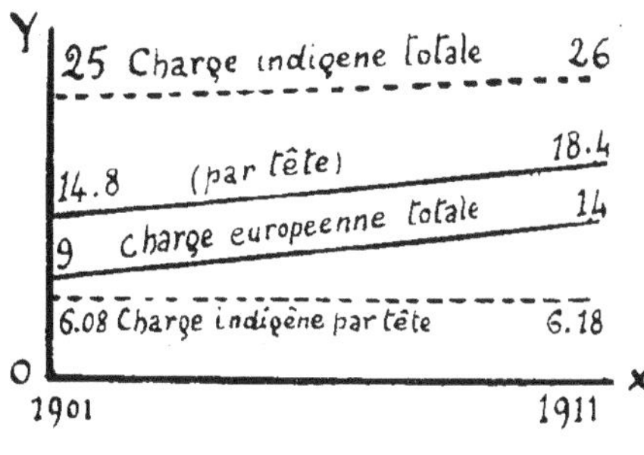

FIG. 4

Examinons, en second lieu, les impôts indirects ; le tableau ci-dessous exprime leurs variations :

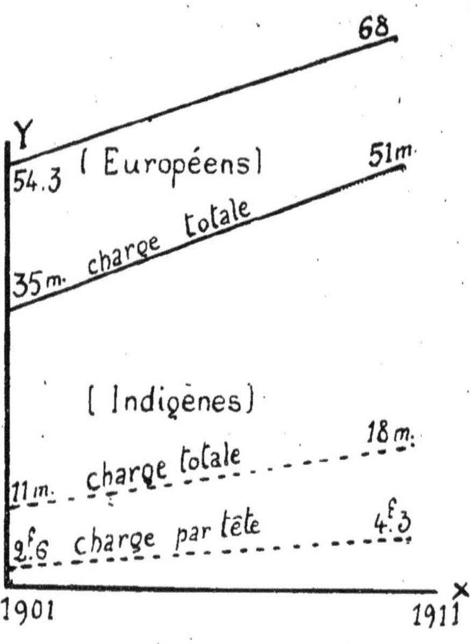

FIG. 5

On voit que la charge indigène totale a cru pendant les dix dernières années de 11 à 18 millions, mais cet accroissement n'a été qu'une conséquence de l'accroissement de la population, et c'est pour cela que la charge par tête n'a cru que de 1.72 (4,35 — 2,6). Au contraire, la charge européenne totale a passé pendant la même période de 35 millions à 51, et la charge par tête, qui était de 54,3 est montée à 68 fr. en augmentation de 14 *francs par tête* !

Cette inégalité considérable dans l'accroissement des charges, tient à ce que la création des ressources nouvelles a surtout frappé les européens : l'augmentation des droits sur l'alcool, notamment, passant, en 1903, de 100 à 127 fr., puis en 1907, à 137 fr. et enfin en 1912, à 167 fr. l'hectolitre, et portant sur 50.000 hectos, a entraîné dans la décade considérée, un relèvement de 1.850.000 fr. d'un impôt pour lequel nous avons admis un cœfficient de participation indigène nul (1). Il est vrai que nous avons, au contraire, estimé que pour le tabac, les indigènes payaient 3.900.000 francs sur 5.867.000 (66 %), mais on ne peut pas oublier que cet impôt a été créé pour combler le déficit résultant du dégrèvement des sucres, et que celui-ci, supérieur à

---

(1) On ne tient pas compte au texte du relèvement de 137 à 167 fr. de 1912. Ce relèvement a entraîné pour les *européens seuls* une charge nouvelle de 1.500.000 dont les indigènes ne supportent aucune part appréciable,

10 millions, a sérieusement profité aux indigènes, qui consomment beaucoup de sucre.

De sorte que, en somme, la situation financière actuelle quant aux impôts indirects est, comme pour les impôts directs, une étape normale dans une évolution où la charge européenne augmente rapidement alors que la charge indigène varie beaucoup plus lentement.

Résumons donc, pour l'ensemble des impôts, les directions générales de cette histoire de 10 ans. Nous tracerons le tableau ci-après (fig. 6).

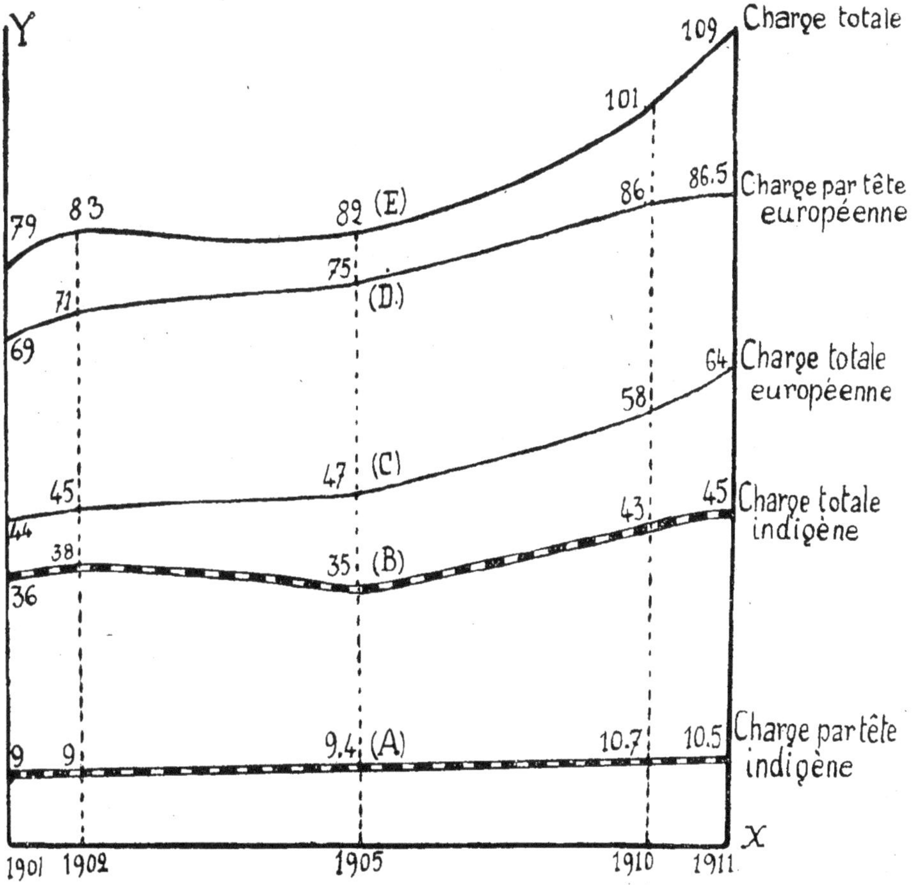

Fig. 6

Les courbes A et D décrivent l'évolution des charges par tête : celle des indigènes est sensiblement stationnaire, celle des européens monte de 17.50. Les courbes B et C représentant l'histoire des charges totales : celle des indigènes monte de 9 millions, celle des européens, de 21 millions. On aurait pu ajouter sur cette figure d'autres courbes correspondant à l'évolution des mêmes charges en séparant les trois budgets : spécial, des départements et des communes. Elles auraient été sensiblement parallèles aux courbes totales et auraient ainsi inutilement compliqué notre tableau. Notons seulement ici les cotes de leurs extrémités : Pour le budget spécial, les européens paient, en 1901, 28 millions, ou 44,5 par tête ; les indigènes paient 15 millions ou 3,6 par tête. En 1911, les chiffres sont : 43 millions ou 57,4 et 21 millions ou 4,9. Pour les budgets départementaux, les européens paient, en 1901, 1.240.000 francs, ou 1,9 par tête, et les indigènes 6.500.000 fr., ou 1,6 par tête. En 1911, les chiffres sont : 2.900.000 fr., ou 3,9 par tête, et 6.100.000 fr., ou 1,4 par tête. Enfin, pour les budgets communaux, les européens paient, en 1901, 14 millions, ou 22,60 par tête, et les indigènes, 14 millions ou 3,5 par tête. En 1911, les chiffres sont : 19 millions, ou 25.13 par tête, et 18 millions, ou 4,1 par tête.

Ainsi, quel que soit le budget alimenté, quelle que soit la nature de l'impôt, il est certain que l'accroissement des charges européennes a été plus rapide que celui des charges indigènes. Il est encore certain que les charges européennes ont été et sont supérieures aux charges indigènes. Il est certain, enfin, que, si on tient absolument à parler d'un tribut payé par une classe de contribuables à l'autre, la force irrésistible des chiffres nous obligerait à dire que la France est bien, dans l'Afrique du Nord, comme ailleurs, la nation la plus chevaleresque et la plus paradoxale qui soit, car nos graphiques reflètent un monde renversé où c'est le vainqueur qui paie un tribut écrasant au vaincu.

Au point de vue de la science financière et des mathématiques, cette triple conclusion est incontestable.

Il est vrai qu'il reste à savoir si, en se plaçant au point de vue de l'équité, et en substituant la mesure du sacrifice consenti à celle de l'impôt payé, on n'arriverait pas à une formule différente.

CHAPITRE IV

La Répartition du sacrifice fiscal.

Examinons cette nouvelle question :

Les contribuables européens sont 746.000 ; ils paient 59 % des quelque 109 millions qui alimentent notre budget, soit 86,50 par tête. Les indigènes sont 4.259.000 ; ils supportent 41 % de la charge, c'est-à-dire 10,50 par tête, et ainsi la répartition du poids fiscal pèse plus lourdement sur les épaules européennes que sur celles des musulmans.

Ce résultat est incontestable si on envisage le rapport du total payé et de la population qui paie.

Mais l'ensemble des impôts n'est pas une capitation et, en régime capitaliste, les hommes ne subviennent pas en général aux dépenses publiques avec leur force physique, ni même avec leur intelligence ; ils y contribuent, au contraire, en donnant une part de leur fortune, une fraction du capital approprié par eux. Ainsi, il y aura justice fiscale lorsque le sacrifice consenti par chaque contribuable pour le paiement de l'impôt sera équivalent et non autrement.

Il s'agit de savoir si, en Algérie, le sacrifice imposé ainsi aux indigènes est ou non égal à celui consenti par les européens, et c'est là au fond le vrai problème dont les solutions hâtives et approximatives se retrouvent à la racine des discussions et des conflits qui jettent aujourd'hui les uns contre les autres les arabophiles passionnés et les arabophobes exaspérés.

La science économique doit être *arabojuste* ; il faut donc qu'elle essaie de poser dans chaque plateau de la balance des quantités exactement déterminées : les unes correspondant à la charge fiscale supportée par chaque classe de contribuables, les autres à la quantité de richesses acquises, appropriée par ces mêmes classes.

Essayons de faire aujourd'hui cette opération de physique caméralistique.

Elle implique deux recherches : L'une est déjà faite, c'est celle qui consiste à déterminer la charge fiscale totale de chaque classe ; on en a résumé ici le détail dans l'espace et dans le temps ; on l'a rappelé aux premiers mots de ce chapitre : européens = 59 % ; indigènes = 41 %.

L'autre recherche consiste à déterminer les quantités relatives de richesses possédées par les deux mêmes classes. Si donc, par hasard, nous trouvions que les européens détiennent 59 % de la richesse totale de l'Algérie et les indigènes 41 %, nous dirions que la balance est en équilibre et la justice fiscale serait réalisée — sauf bien entendu les déséquilibres individuels infiniment nombreux en régime individualiste libéral ; si, au contraire, la balance penche d'un côté ou de l'autre, il y aura déséquilibre et injustice fiscale.

Comment donc la richesse totale appropriée de l'Algérie est-elle répartie ? Ce problème comporte un double examen relatif à la fortune immobilière et aux propriétés mobilières.

Une telle étude directe serait infiniment intéressante ; elle dépasserait, malheureusement, et de beaucoup, les limites d'un travail de vulgarisation. Il faut donc l'ajourner quant à nous.

§ I. — **La Répartition des richesses d'après M. Oualid.**

Mais cette recherche a été entreprise il y a peu de temps ; elle a été faite en 1910 par M. Oualid, chargé de conférences de science financière à la Faculté de Droit de Paris, publiée dans la *Revue d'Economie Politique* de

1910, page 385, pour la propriété immobilière, et dans le *Bulletin de la Réunion d'Etudes Algériennes* de 1910, page 38, pour la fortune mobilière.

L'auteur de ce travail, considérable et consciencieux, ne saurait être suspect aux yeux de ceux qui professent la foi des indigènes martyrs et des colons tyrans, car la conclusion en vue de laquelle il a tracé son double tableau est (*Revue d'Ec. Pol.*, p. 409) que les indigènes paient 6,70 d'impôts par tête et les européens 16,28 alors que les européens détiennent 3 milliards 284 millions de la fortune algérienne totale, et les indigènes seulement 1 millard 719 millions, c'est-à-dire 62 % contre 38 % (1).

. Résumons donc ici les résultats auxquels arrive M. Oualid, et donnons en même temps un aperçu de sa méthode, afin de pouvoir indiquer le sens des rectifications auxquelles pourrait donner lieu l'introduction dans ses calculs des données statistiques postérieures à 1910, et des principes même déjà exposés ici.

Evaluons d'abord avec lui la propriété non bâtie :

Les surfaces cultivées par les européens et par les indigènes nous sont fournies par les statistiques ; il faut seulement remarquer que ces statistiques ne nous donnent pour les indigènes que les surfaces emblavées dans l'année et non les surfaces totales cultivées, et qu'il y a lieu, en conséquence, de tenir compte de l'usage de la jachère biennale en doublant le chiffre des surfaces emblavées.

D'autre part, ces surfaces nous sont indiquées par nature de culture, céréales, vignes, etc. ; il y a donc lieu d'affecter un certain cœfficient de valeur unitaire à chaque nature de culture.

Cherchons à déterminer ces cœfficients ; nous y arriverons en envisageant les proportions générales relatives des cultures, qui sont : 0,72 pour les céréales, 0,06 pour les cultures industrielles diverses, 0,0065 pour les orangeries et 0,21 pour les terres incultes, et en basant sur elles une ventilation des prix fournis par le relevé officiel des ventes où figurent des indigènes (2).

Pour la période 1900-1907, ces ventes (européens à indigènes : 95.872 hectares pour 19 millions 26 ; indigènes à européens : 210.301 hectares pour 23 millions ; indigènes entr'eux 500.961 hectares pour 58 millions) nous donnent un prix moyen de *199* francs par hectare (3) pour les terres européennes, ou de 280 francs en déduisant les terres incultes. Ce prix de 280 francs lui-même se décompose en un prix de 240 francs pour les terres à céréales et de 754 francs pour les autres cultures ; enfin, ces derniers prix doivent su-

---

(1) Bull. Etud. Alg. 1910, p. 51.

(2) Rev. Ec. pol. 1910, p. 395.

(3) M. Oualid écrit ici 199 fr. ; mais à un autre endroit (p. 397) il préfère : 202 fr. 45. Ces deux chiffres sont faux : le vrai prix, si les données de M. Oualid sont exactes est = 201 fr. Il est vrai que cette rectification ne change rien à un raisonnement dont les bases sont très élastiques et que nous n'en sommes pas ici à une décimale près mais des variations si rapprochées pour des chiffres aussi simples peuvent inquiéter à bon droit le Lecteur.

bir une majoration parce que la terre vendue par l'européen à l'indigène n'est pas ordinairement en plein rapport, et on arrive ainsi au tableau suivant de la propriété européenne : (1)

Nature des cultures	Prix unitaires	Surfaces	Valeurs (millions)
Céréales	250	1 195.456	299
Cult. industrielles	1.000	103 151	103
Vignes adultes	2 000	172 825	346
Vignes jeunes	1.000	9.322	9
Orangeries	3 000	10 750	32
Terres incultes	30	355 352	11
Totaux..........		1.846.856	800

Un calcul analogue va déterminer la valeur de la propriété indigène. Le relevé des ventes nous montre que, pour la période 1900-1907, le prix unitaire moyen de la propriété indigène (ventes par indigènes à européens ou à indigènes) est de 112,85 au lieu de 202,45 valeur des terres européennes, soit environ 0,55 de cette valeur (2) ; et cela tient à ce qu'il y a dans les terres indigènes moins de capitaux investis et à ce que leur rendement est moindre (le rendement indigène en céréales pour la période 1871-1904 est de 0.65 du rendement européen). M. Oualid accepte donc un coefficient de réduction moyen de 0,60, permettant de passer des valeurs européennes aux valeurs indigènes, de telle sorte que, par exemple, le prix unitaire : 2.000 fr. pour la vigne adulte propriété d'un européen, devient 2.000 × 0,6 = 1.200. si elle est aux mains d'un indigène.

Appliquant ces principes et envisageant les surfaces données par la statistique, on trouve : (3)

Nature des cultures	Prix unitaires	Surfaces (hectares)	Valeurs (millions)
Céréales	150	4 290.000	644
Vignes adultes	1.200	4.307	5
Vignes jeunes	600		
Cultures indust.	600	112.000	67
Orangeries	1.800	1.700	3
Terres incultes	18	1.380.205	25
Totaux (4)..............		5 800.000	744

---

(1) Ibid, p. 396.
(2) Ibid, p. 397. — Ici encore les chiffres sont inexacts : M. Oualid nous a donné en effet les chiffres suivants : (p. 394).
1° Ventes d'Indigènes à Européens :

Alger................	34.342	hectares pour	3.564.962
Oran................	100.581	—	9.991.810
Constantine........	75.378	—	9.394.635
Total...........	210.301		22.951.407

2° Ventes d'Indigènes à Indigènes :

Alger................	113.160	hectares pour	20.766.160
Oran................	131.518	—	12.557.736
Constantine........	256.283	—	25.003.268
Total...........	500.961		58.327.164

On a donc en réalité en additionnant ces totaux :
711.262 hectares pour 81.278.571, et non pas comme l'écrit M. Oualid :
711.252 — 80.278.371
(3) Ibid, p. 399.
(4) Chiffres arrondis. M. Oualid trouve 5.791.125.

Ainsi, la propriété foncière non bâtie vaut 1 milliard 544 millions ; les européens en détiennent 51,77 %, soit 800 millions, et les indigènes 48,23 %, soit 744 millions (1).

Evaluons en second lieu la propriété bâtie : Ici l'existence depuis 1898 de la contribution foncière et les révisions décennales nous fournissent une base solide : En 1907, cette contribution a rendu 2,2 (millions) en tout, de sorte que le revenu brut $= \dfrac{2,2}{0,032 \times 0,75} = 91,5$ (2) ; en y ajoutant le revenu brut des constructions nouvelles exemptées pendant 5 ans, évalué d'après l'accroissement moyen du revenu (1,3), on trouve en tout 100 millions, et si on capitalise ce revenu à 5 %, on obtient 2 milliards pour l'ensemble de la propriété bâtie européenne et indigène.

La répartition entre européens et indigènes se fera d'après le coefficient déjà connu de M. de Saligny : 0,19, et nous pourrons dire avec une approximation suffisante que les européens détiennent de ce chef 1.623 millions, soit 81 % du total, et les indigènes 377 millions, soit 19 % (3). Nous ajouterons enfin la valeur des constructions agricoles, machines, tentes, etc., chiffrée directement par l'administration, qui est de 218 millions pour les européens et 83 millions pour les indigènes, de sorte qu'en somme toute la propriété immobilière se répartira ainsi en valeur : (4)

	Européens	Indigènes
Propriété foncière :		
Non bâtie	800	744
Bâtie	1.623	377
Constructions agricoles	218	83
Totaux...........	2.641	1.204

Evaluons enfin la fortune mobilière de l'Algérie :

1° Les valeurs mobilières peuvent être estimées, d'après la taxe de 4 % sur le revenu qui donne 275.000 fr. au budget de 1907, correspondant à un revenu de 7 millions ; la capitalisation à 4 % conduit à un capital de 172 millions, à augmenter d'un tiers, soit 54 millions, en tenant compte des valeurs (rentes sur l'Etat, emprunts algériens, etc.) non soumis à la taxe ; c'est donc environ 226 millions qu'il faut inscrire de ce chef. (5).

---

(1) Ibid, p. 400.

(2) Puisque le revenu net = 0,75 du brut et que le taux = 0,032 du net.

(3) Ibid, p. 403.

(4) Ibid. p. 404.

5) Réunion Etudes Algériennes. Janvier 1910, p. 41.

M. Oualid suppose que les indigènes ne possèdent *aucune valeur mobilière !*

2° Les meubles meublants ne peuvent être évalués que par comparaison la France, en tenant compte du produit des droits d'enregistrement sur les mutations de biens corporels ; ces droits sont, en 1907, de 414 millions en France, où 39 millions d'habitants possèdent 10 milliards de meubles ; ils sont de 155.000 en Algérie et doivent correspondre à environ 200 millions, car les indigènes n'ont que très peu de meubles.

M. Oualid suppose qu'ils détiennent en tout 100 millions de meubles.

3° Les dépôts de fonds dans les établissements algériens représentent 185 millions.

M. Oualid suppose que les indigènes ne possèdent aucuns dépôts de fonds (!)

4° Les livrets de Caisse d'épargne 35 millions (même supposition).

5° Les fonds des Sociétés indigènes de prévoyance 17 millions, propriété des seuls indigènes.

6° Enfin, le cheptel vif est évalué d'après les recensements de l'autorité militaire et les rôles de l'Achour quant à la quantité ; d'après les mercuriales et le tableau des valeurs en douane quant à la valeur, et on trouve ainsi 63 millions pour les européens et 376 millions pour les indigènes. (I).

7° Le matériel agricole est évalué par le service agricole de statistique à 45 millions pour les européens et 11 millions pour les indigènes.

Nous sommes ainsi en mesure de dresser le tableau total de la fortune algérienne répartie entre les européens et les indigènes. Le voici : (2)

---

(1) Ibid, p. 48.

(2) M. Oualid ajoute il est vrai les autres articles suivants : numéraire : 90 m., fonds de commerce et capitaux industriels 170 m. mais il ne les répartit pas entre européens et indigènes ; il paraît donc inutile de les faire figurer dans un tableau qui doit servir uniquement à comparer les richesses détenues par les deux classes de la population.

	Européens (en millions)	Indigènes (en millions)
Propriété immobilière : Résumé du tableau ci-dessus	2.640	1.204
Valeurs mobilières	226	» »
Meubles	100	100
Dépôts	185	» »
Caisses d'épargne	35	» »
Sociétés indigènes	» »	17
Cheptel vif	65	376
Matériel agricole	45	11
	3.295	1.719

La conclusion est celle-ci :

La valeur totale du capital privé algérien est de 5 milliards ; les européens en détiennent 3 milliards 290 millions et les indigènes 1 milliard 719 millions ; — ou encore : 746.000 colons ont 62 % de la fortune algérienne ; 4 millions et demi d'indigènes n'en ont que 38 %. Ne serait-il pas juste que chaque européen supportât 62 % des charges fiscales, et, s'il est vrai que sur 38 millions d'impôt direct, les européens ne paient que 29 % et les indigènes 71 % n'est-ce pas là une injustice flagrante ? (1)

Cette question est grave ; elle implique la critique du travail dont les éléments viennent d'être exposés ici.

§ II. — **Examen critique de la théorie de M. Oualid.**

Les affirmations de M. Oualid sont très importantes ; elles pourraient constituer une admirable machine de guerre entre les mains de ceux qui mélangent habituellement la science financière et les passions. La Chambre en compte quelques-uns qui sont pleins de talent. Je les vois à la tribune et j'entends l'affirmation décisive... « Et qu'on ne dise pas, Messieurs, qu'aux « statistiques optimistes d'une administration prisonnière des colons, rien « de précis et de certain ne peut être opposé !.... Des hommes de science, « des chercheurs, aussi désintéressés que compétents, ont fait de leur côté le « travail que le Gouvernement Général ne pouvait pas faire... Or, voici les « résultats auxquels est arrivé l'un d'eux, professeur de science financière « à la Faculté de Droit de Paris... (Vifs applaudissements à gauche)... —

____

(1) Rev. Ec. pol., p. 409.

« M. Coutant : On devrait le nommer Gouverneur ! » (Rires et bruits de pupitres). La séance continue...

Il n'en faut pas davantage pour impressionner une assemblée dont les membres n'ont pas toujours le temps de scruter jusqu'au fond les questions financières techniques.

La gravité de ce danger justifie, semble-t-il, et excuse l'aridité nécessaire de la présente étude.

Examinons donc ce que vaut la double affirmation de M. Oualid :

Et d'abord est-il vrai que les européens détiennent 62 % de la fortune algérienne totale et les indigènes 38 %.

Trois corrections graves me paraissent devoir être faites au tableau publié ci-dessus :

1° L'auteur affirme, en effet, que la propriété non bâtie détenue par les européens vaut 800 millions et celle détenue par les indigènes 744 millions, et il raisonne ainsi : Les européens détiennent 1.800.000 hectares, les indigènes 5.800.000 ; mais le relevé des ventes où figurent les indigènes nous apprend que le prix moyen de la terre européenne est de 280 fr. l'hectare, dont 250 fr. pour les terres à céréales, et de 1.000 à 3.000 fr. pour les autres cultures, tandis que la valeur de la terre indigène n'est que de 0,60 de celles-ci, et il obtient son chiffre de 280 fr., alors que la valeur moyenne de l'hectare résultant des ventes par européens à indigènes de 1900 à 1907, n'est que de 201 fr., en faisant subir à ces ventes des ventilations divinatoires (1).

Or, en pareilles matières, toute complication éloigne en général d'une vérité qu'on ne peut évidemment saisir qu'avec une très grossière approximation. Pourquoi donc ne pas faire le raisonnement simple suivant, en se basant sur le relevé des ventes 1901-1910 : Dans cette décade, les européens ont vendu aux indigènes 163.003 hectares pour 38,875.000 fr., donc le prix moyen de l'hectare européen est aux environs de 238 fr. ; d'autre part, les indigènes ont vendu 846.449 hectares pour 128.359.000 fr., donc le prix moyen de l'hectare indigène est aux environs de 151 fr. Demandons maintenant à M. Oualid lui-même quelles sont les surfaces appropriées par les européens ; il y en a, dit-il, 1.846.856 hectares ; cela vaut donc 439 millions (au lieu de 800 !) et quelles sont celles appropriées par les indigènes ? Il y en a, dit-il, 5 millions, 8 ; cela vaut donc 876 millions (au lieu de 744) (2).

Ce mode de calcul est simple et clair ; il n'y a aucune raison pour que dans

____

(1) 95.872 hectares ont été vendus par les européens pour 19.260.000.

Or $\dfrac{19.260.000}{95.872} = 200{,}8 < 280$

(2) Voir aux annexes le tableau des mutations immobilières.

le bloc considérable, 163.003 hectares, 846.000 hectares, vendu de 1900 à 1910 toutes les natures de cultures n'aient pas été représentées, et les chiffres moyens obtenus dans ces ventes doivent se rapprocher beaucoup de la véritable valeur des terres.

Cette première rectification entraînera une addition de 132 millions à la colonne indigène, et un retranchement de 361 millions à la colonne européenne.

Pour être tout à fait exact, il y aurait lieu d'apprécier séparément la valeur du vignoble algérien qui est et qui reste presqu'exclusivement aux mains des Européens.

La statistique de 1910 (dernière parue), donne (p. 264) comme total de la vigne : 148.300 hectares valant d'après M. Oualid, 2.000 francs l'hectare pour les vignes adultes, (c'est-à-dire : 141.901 hectares × 2.000 = 283.802.000) et 1.000 fr. l'hectare pour les vignes jeunes, c'est-à-dire 6.399 hect. × 1.000 = 6.399.000 fr.), soit au total : 290.201.000 francs.

D'autre part, cette même surface de 148.300 hectares a déjà été évaluée par nous à raison de 238 fr. l'hectare et comprise pour 35.295.400 fr. dans notre total. Il y a donc lieu d'ajouter à la valeur de la propriété européenne : 290.201.000 — 35.295.400 = 254.905.600. De sorte que la valeur appropriée par les européens devient 439 + 254,905 = 693 millions 905.000 francs.

2° Une deuxième rectification s'impose en ce qui concerne le cheptel vif.

En effet la même statistique de 1910 (p. 256 s. q.) nous donne (1) pour les Européens (2) 10.139.606 fr. en valeur et pour les indigènes 633.851.194 fr.
De sorte qu'il y a lieu d'ajouter 45 millions au chiffre de 65 millions donné par M. Oualid pour le cheptel européen et 257 millions à celui de 376 accepté par lui pour le cheptel indigène.

3° M. Oualid évalue les valeurs mobilières algériennes à 226 millions, les dépôts de fonds à 185 millions, ceux des Caisses d'épargne à 35 millions, soit 446 millions, dont il affirme que les indigène ne possèdent aucune part... Or, il semble qu'il faille attribuer aux indigènes — parmi lesquels il n'y a tout de même pas 4 millions de pauvres — au moins 0,10 de cette somme.
On aura ainsi 45 millions à retrancher à la colonne européenne et à ajouter à celle des indigènes.

Récapitulons ces diverses observations, nous arrivons au tableau sui-

---

(1) Voir le tableau du cheptel aux annexes.
(2) Sans tenir compte des porcs ni des chameaux dont les premiers (107.000) sont presqu'exclusivement aux mains des Européens, mais dont les seconds (72.000) sont aux mains des indigènes ; les valeurs s'équilibrent sensiblement.

vant qui contient en regard les chiffres de M. Oualid et les nôtres :

	EUROPÉENS		INDIGÈNES	
	CHIFFRES DE M. OUALID (en millions)	CHIFFRES RECTIFIÉS	CHIFFRES DE M. OUALID	CHIFFRES RECTIFIÉS
§ I. **Propriété foncière**				
Propriété non bâtie.....	} 800	439 } 694	744	876
Vignoble		255		
Propriété bâtie	1.623	1.623	377	377
Constructions agricoles.	218	218	83	83
Totaux...........	2.641	2.535	1.204	1.336
§ II. **Valeurs mobilières**				
Valeurs mobilières.....	446	401	0	45
Meubles	100	100	100	100
Sociétés indigènes.......			17	20 (1)
Cheptel vif..........	65	110	376	634
Matériel agricole.......	45	45	11	11
Totaux...........	656	656	504	810
Totaux généraux.......	3.297	3.191	1.708	2.146

(1) Chiffre de la dernière statistique p. 150 : 19.816.000.

On obtient donc pour la valeur européenne totale 3 milliards 191 millions au lieu de 3 milliards 297 millions et pour la valeur aux mains des indigènes 2 milliards 146 millions au lieu de 1 milliard 708 millions.

Les proportions de richesses appropriées par les deux classes de contribuables deviennent ainsi 60 % et 40 % au lieu de 62 % et de 38 %.

Cette rectification vaut déjà la peine d'être enregistrée.

*
* *

Passons à la deuxième question : Est-il vrai que, ne détenant qu'une part de richesse de 40 %, l'indigène soit obligé de payer au fisc 71 % ? Pour le soutenir, on fait deux hypothèses :

On envisage en premier lieu les impôts directs où, sur 40 millions, les indigènes paient 26 millions et demi, et on dit $\dfrac{26,3}{40} = \dfrac{71}{100}$. Or, ce calcul est faux ; la proportion est de 65,8 et non de 71 ; de sorte que l'écart entre les répartitions de la richesses et de l'impôt, qui était de de 33, est déjà tombé à 25,8 %, ce qui est encore quelque chose.

Mais, en outre et surtout, de quel droit restreindre notre comparaison aux impôts directs, et pourquoi éliminer de cette recherche les impôts indirects, qui fournissent au budget 69 millions ? M. Oualid nous en donne une seule raison : L'impôt direct, dit-il, « est *seul un impôt*, au sens strict du mot ». *Revue d'Ec. pol.* 1910, p. 408), car il est le seul dont le paiement soit *imposé ;* quant aux impôts indirects, il pense que le contribuable les paie si cela lui plaît et parce que cela lui plaît, et que, par conséquent, on ne saurait en faire état. Si les colons européens éprouvent du plaisir à payer 69 millions d'impôts de consommation, en quoi, pense M. Oualid, cela regarde-t-il les indigènes, puisque nul n'est contraint de payer de tels impôts.

Cette thèse, consistant à affirmer que les impôts indirects sont un sacrifice volontaire, est évidemment inexacte ; il est puéril de dire qu'on peut se dispenser de les payer en se dispensant de consommer, parce qu'il faudrait en même temps se dispenser de vivre.

D'autre part, les impôts indirects sont le plus souvent proportionnels aux facultés du contribuable. En effet, tous les impôts sur les actes (enregistrements, etc), tous les droits de consommation sur les objets de luxe, et même une partie des droits sur les objets de première nécessité ont ce caractère. Quant aux droits communaux, taxes d'abatage, droits de marché, ils correspondent à des opérations économiques caractéristiques de la détention d'une richesse, et ils se rapprochent de la patente.

Enfin, les impôts directs sont tellement incapables d'alimenter seuls un budget, qu'il n'ont même pas pu équilibrer le pauvre budget de 600 millions de la Révolution, et que le Consulat n'a pu rétablir un peu d'ordre dans les finances, qu'en faisant appel aux impôts indirects. Ainsi la prétention de M. Oualid d'écarter les impôts indirects du débat actuel, est trois fois insoutenable : en fait, en droit et en histoire.

Rétablissons-les donc : ils représentent 69 millions dont les indigènes ne paient que 18, 1/2. Nous en avons tracé le tableau et nous avons justifié les coefficients de participation. Il s'ensuit que, au total, les indigènes paient 41 % de la charge fiscale et les européens 59 %.

Rapprochons-en les chiffres rectifiés de la répartition des richesses : les indigènes détiennent 40 et paient 41 ; les européens détiennent 60 et paient 59.

On avouera que l'injustice fiscale a déjà un peu diminué depuis tout-à-l'heure.

Mais ceci encore est insuffisant. Puisqu'en effet, nous avons entrepris de comparer les sacrifices consentis par les contribuables, c'est-à-dire la répartition de la charge fiscale et celle de la richesse, il y a lieu de retrancher des deux côtés de la charge fiscale les impôts assis sur la personne seule et sans aucun rapport avec la fortune détenue

Telles sont pour l'Algérie les prestations ; elles rendent 10 millions et demie par an, dont 8 millions ½ sont fournis par la population indigène (1) il y a donc lieu de réduire la quote-part indigène de 45 millions à 36,5, celle des européens de 64 ½ à 62 ½, et la charge totale, de 109 à 99 millions. Mais alors les proportions deviennent 37 % et 63 %.

Nous arrivons ainsi à la formule suivante qui résume ce long débat : Les européens détiennent 60 % des richesses algériennes ; ils supportent 63 % de la charge fiscale totale. Les indigènes détiennent 40 % de la richesse ; ils supportent 37 % de la charge.

Ceci ne veut pas dire que tout soit parfait, et il y a, ici comme ailleurs, de grandes et d'urgentes réformes à faire, mais il est certain qu'on n'a pas le droit de dire — autrement que par figure littéraire — que les impôts sont en Algérie un tribut écrasant payé par les vaincus.

Une seule réponse reste possible :

Admettons, dira quelqu'un, que vos chiffres soient justes et votre raisonnement solide, il a cependant un petit défaut, c'est qu'il ne prouve rien du tout. En effet, peu nous chaut la répartition de la charge fiscale ; ce qui importe, c'est de savoir à quoi sert tout cet argent, car, quand même les

---

(1) Les prestations donnent 10 m. 6. La quote-part des indigènes, évaluée avec le cœfficient de 0,7 serait de 7 m. 42. Mais il faut observer que ce coefficient a été calculé sur l'ensemble des produits ci-après :

Taxes assimilées qui rendent	0,6
Taxes locatives qui rendent	3
Taxe des chiens qui rendent	0,3
Prestations qui rendent	10,6
Total	14,5

Or, les indigènes des Communes mixtes n'ont pas à acquitter de taxes locatives ni de taxes sur les chiens et pour ces deux produits leur coefficient de participation est très inférieur à 0,7.

Il en est de même pour les taxes assimilées (redevances des mines ,etc) : on doit donc admettre que, pour les prestations, leur coefficient n'est pas inférieur à 0,8, ce qui donnerait 10,6 × 0,8 = 8,48. Le chiffre de 8 millions 1/2 accepté au texte est ainsi justifié.

indigènes ne paieraient que 37 %, s'ils se contentent de payer et s'ils ne profitent pas du budget qu'ils alimentent, si toutes les dépenses sont faites pour les colons, ils n'en seront pas moins dépouillés.

Ceci est le dernier retranchement des arabophiles passionnés et le donjon de leur citadelle : c'est la question de la *répartition des profits*.

CHAPITRE V

La Répartition des profits

M. le percepteur Bourde, dans le journal *Le Temps*, l'a très nettement abordée : « C'est un abus énorme, a-t-il dit, en un style lapidaire, de frus- « trer une population du produit de ses impôts au profit d'une autre ». (1) Et, immédiatement, il a donné un exemple : A Tizi-Ouzou, explique-t-il, 27.866 indigènes vivent aux côtés de 1.129 Français ; l'agglomération comprend 1.703 habitants. Le budget est de 220.000 francs, les indigènes en fournissent 198.000 fr., or, ce budget est employé ainsi : 500 fr. aux Sociétés d'agrément du village, 600 fr., à un tambour, 1.500 fr. à la musique municipale, 2.000 fr. pour l'ornement des promenades publique, 3,755 fr. pour le nettoyage des rues et 12.500 francs pour l'éclairage.

Tout ceci ne représente d'ailleurs que 20.855 fr., c'est-à-dire 9 % du budget total, et cela a la même importance que si on disait : Pour un budget de 100 francs, on dépense 9 francs pour l'éclairage, la propreté, la beauté et la sécurité de la ville.

Et M. le percepteur Bourde ajoute, sans évaluation précise, au débit des européens : quatre écoles, les dépenses d'assistance et de bienfaisance, le service des eaux et les chemins vicinaux et ruraux, il conclut ensuite en ces termes : « *Les indigènes sont contraints d'entretenir les européens et* « *réduits ainsi à une sorte de servage, les colons vivent de l'indigène et font* « *un gaspillage scandaleux d'un argent qui n'est pas le leur.* »

Voilà, n'est-il pas vrai, une question nettement et vivement posée.

Essayons d'y répondre.

Une telle solution implique une double étude. On se demandera d'abord — pour suivre M. le percepteur Bourde — quelle est la répartition des profits dans le budget de Tizi-Ouzou.

On généralisera ensuite un peu plus un problème dont la portée dépasse, semble-t-il, l'ombre courte des montagnes de Kabylie, et on essaiera de dire quelle est, dans l'ensemble du budget algérien, la part de dépenses qui profitent uniquement aux européens ; quelle est celle qui profite unique-

---

(1) Revue indigène, tirage du *Temps*, p. 16.

ment aux indigènes, et quelle est la part qui profite aux uns et aux autres.

A tout seigneur, tout honneur. Occupons-nous donc d'abord du budget de Tizi-Ouzou.

Il se monte, en 1910, à 212.600 fr. ; les européens en paient un 5e, soit environ 35 fr. par tête, les indigènes, quatre cinquièmes, soit environ 6 fr. par tête.

Il est employé ainsi, savoir :

4.600 fr., pour l'administration directe des indigènes.

1.800 fr. pour un khodja interprète.

1.000 fr. pour un chaouch.

1.680 fr. pour les khodjas des douars.

1.000 fr. pour un brigadier indigène.

3.000 fr. pour les gardes-champêtres indigènes.

Il y a 11 classes d'écoles où les européens et les indigènes sont reçus indifféremment ; 31 boursiers indigènes y sont entretenus. Il y a en outre 4 classes spéciales aux indigènes construites et 6 en projet et un cours de travail manuel. L'éclairage coûte 3.000 et non 12.500, chiffre inscrit par M. Bourde, et les indigènes qui habitent au bourg et ceux qui y viennent en profitent comme les autres.

Enfin il y a un budget important d'assistance et de bienfaisance ; les indigènes en usent comme les français. En revanche le produit des fêtes indigènes (fêtes Eurs) est exclusivement réservé aux indigènes musulmans.

Il est vrai qu'il y a une société de tir et que cela coûte 400 fr. sur 212.000... Espérons simplement que la précision dans le tir ne sera pas trop tôt utile aux français et passons.

Ainsi le reproche du « *Temps* » est peu justifié :

En somme 16.080, soit environ 8 % du budget sont uniquement consacrés aux dépenses indigènes et on n'en peut guère trouver que 9.000 (en rectifiant le chiffre de l'éclairage et en ajoutant les cimetières) pour les dépenses spéciales aux Européens, soit 4,5 %. Quant aux autres, elles sont communes à tous, car, les indigènes usent, comme les colons, des chemins, des routes ; ils se lavent plus qu'eux les pieds aux fontaines, et ils s'accroupissent à l'ombre durant de longues heures en groupes pittoresques un peu plus que les colons...

Laissons donc ce jeu d'esprit, et examinons le problème lui-même. Il ne s'agit pas, en effet, de savoir s'il y a un tambour et une musique à Tizi-Ouzou, mais bien de tracer le tableau de la répartition des profits dans le budget algérien entre européens et musulmans.

Abordons cette étude.

Le budget algérien emploie 212 millions. Il est alimenté d'abord par les 109 millions d'impôt et, pour les 103 autres, par les recettes extraordinaires, les monopoles, les revenus des domaines, les recettes des chemins de fer, etc...

A quoi sert-il ?

Il sert, en premier lieu, à assurer les services publics, utiles à tous, et qui caractérisent un pays civilisé : sécurité, viabilité, transmission de la pensée, transport des marchandises et des personnes. Il faut bien reconnaître que les indigènes en recueillent aussi quelque fruit et que le régime économique actuel leur est plus profitable que celui du Gouvernement turc, puisque leur nombre *a doublé* sous la paix française !

Le budget sert, en second lieu, à payer des services qu'on peut considérer comme spéciaux aux indigènes ; en troisième lieu, à payer d'autres services spéciaux aux européens. Il s'agit d'évaluer ces deux derniers groupes de dépenses ; le montant des dépenses communes s'en déduira automatiquement.

Quelle sont donc les dépenses *spéciales aux indigènes* ?

Il suffit de parcourir le budget pour les découvrir sans peine.

Voici d'abord les dépenses relatives au *culte indigène* (ch. 6, sec. 4) : Allocations et indemnités de fonctions, 172.287 fr. ; édifices musulmans du culte : 100.000 fr. (il n'y a *rien* pour ceux du culte catholique). Et encore les pensions du clergé musulman, 1.300 fr. Au total : 273.587 francs.

Envisageons ensuite les dépenses relatives à l'assistance et à la bienfaisance : En 1901, les crédits relatifs à l'assistance et à la prévoyance indigènes étaient de 139.000 francs ; pour 1913, ils sont de *385.000 francs* ; ils ont décrit la courbe suivante, bonne à connaître pour ceux qui anathématisent le *colon tyran*.

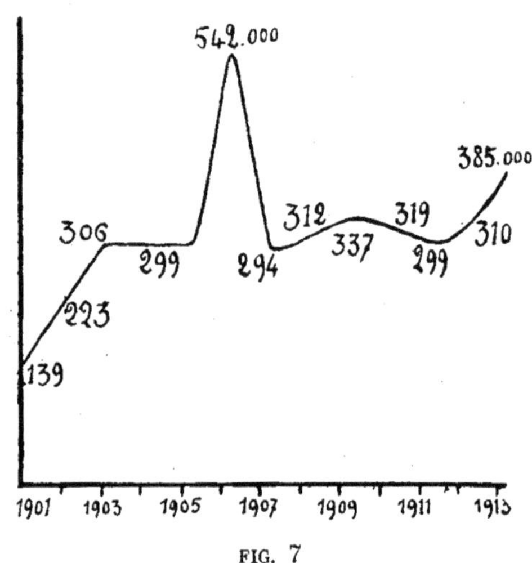

FIG. 7

Ces dépenses visent les infirmeries indigènes et les subventions aux bureaux de bienfaisance musulmans (on ne donne rien aux bureaux européens) ; il faut y ajouter 100.000 francs (du ch. 14, sec. 3) pour les frais d'hospitalisation des indigènes dans les hôpitaux des pères blancs, ainsi que les subventions à ces hôpitaux : Saint-Cyprien-des-Attafs (5.000), Sainte-Eugénie, Ghardaïa, etc. ;

Il faut y ajouter encore une participation d'au moins 30 % dans les services d'assistance communs aux européens et aux indigènes : soit 0,3 × 3 m. = 900.000 francs.

Et enfin, les *centimes d'assistance* : 710.000 fr. Ce sont les anciens centimes servant à la constitution de la propriété indigène, aux termes de la loi de 1873. Ils sont aujourd'hui affectés aux infirmeries et à l'enseignement professionnel indigènes, aux travaux relatifs à l'hygiène pour les indigènes, à la constitution de bourses spéciales aux indigènes, aux bibliothèques arabes, etc., tout cela fait 2 millions environ.

Considérons en 3° lieu les dépenses relatives à l'Enseignement des indigènes : nous trouvons d'abord une dépense de 2.662.400 fr. affectés à l'enseignement indigène ; ce chiffre est intéressant parce que son évolution dans la dernière décade montre l'histoire des sentiments français à l'égard des indigènes et sa croissance constante de 1901 à 1913 est une réponse simple et claire à ceux qui croient que les colons professent à l'égard des Arabes un système d'obscurantisme.

Voici le graphique qui représente à la fois l'évolution des dépenses pour

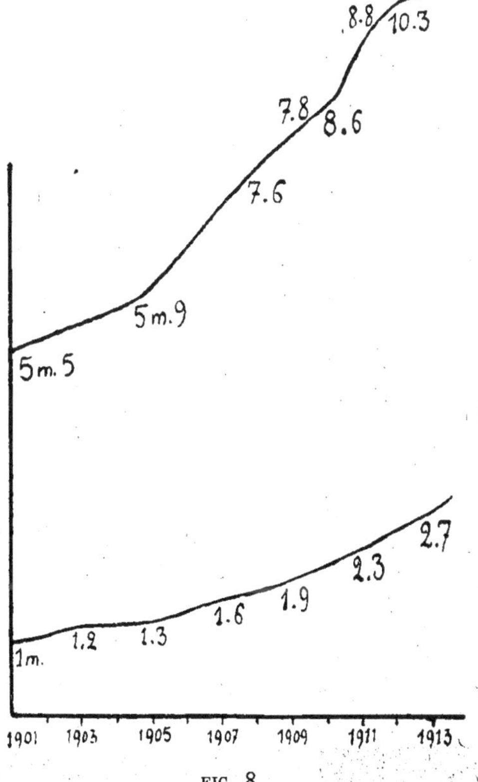

FIG. 8

l'enseignement des indigènes et pour l'enseignement commun aux européens et aux indigènes. Il montre — *et il démontre* — que nous avons fait doublement notre devoir. (Fig. 8).

La courbe supérieure est celle de l'enseignement commun ; la courbe inférieure symbolise la variation des dépenses de l'enseignement spécial aux indigènes.

Il y a lieu d'ajouter 2 millions et demi à notre liste, en évaluant à 0,25 la participation des indigènes à l'enseignement commun, et encore, 1 million 418.000 en appliquant la même proportion aux dépenses d'enseignement des budgets communaux.

On obtient ainsi pour les dépenses de l'Enseignement 6 millions 680.000 francs.

Considérons enfin, les dépenses relatives à l'administration civile indigène. Elles comprennent notamment :

Les traitements du personnel et des adjoints des communes mixtes	1.086.000
Les subsides aux adjoints indigènes	54.000
Le matériel des communes mixtes	253.000
Les subsides aux serviteurs indigènes	65.850
La Justice musulmane	96.000
La constitution de la propriété indigène (opérations du Sénatus-Consulte)	190.000
Les enquêtes partielles (propriété indigène)	525.000
Le service des traductions	15.000
Les indemnités à l'administration militaire (spahis des Affaires indigènes, etc.)	75.000

Sans oublier le prélèvement des chefs indigènes sur l'impôt arabe de 1 million.

Tout ceci fait 3 millions et demi et, avec ce qui précède, l'ensemble donne 12 millions et demi.

Ecrivons en regard les dépenses spéciales aux européens et suivons le même ordre :

1° Les Cultes européens coûtent 550.000 ;

2° Les dépenses d'assistance et de prévoyance atteignent près de 3 millons. Elles comprennent notamment 70 % des 3 millions de l'assistance publique, des secours et subventions diverses, les dépenses des enfants assistés, etc.. Le détail figure au tableau publié aux annexes de ce travail.

3° L'Enseignement en tant qu'il profite exclusivement aux enfants européens peut être évalué à 13 millions en totalisant les dépenses du budget spécial et des budgets communaux (près de 16 millions) et en supposant que les européens profitent pour 75 % des dépenses communes.

Il semble qu'il faille considérer aussi comme des dépenses exclusivement européennes celles relatives aux Beaux-Arts, bien que cependant il ne soit ni juste ni vrai de penser que tous les esprits musulmans demeurent fermés aux enseignements et aux satisfactions du beau ; ceci représente environ 800.000 francs.

4° Des subventions sont accordées par les divers budgets aux sociétés artistiques et littéraires ; des fêtes publiques sont organisées ; nous supposerons (un peu arbitrairement !) que les indigènes n'en profitent aucunement et nous inscrirons encore de chef 400.000 au débit des Européens.

5° Nous les chargerons encore de tout ce que coûte à la collectivité l'entretien du vignoble, bien que la légende de l'Indigène contempteur de la vigne soit de plus en plus inexacte et que M. Oualid lui-même accorde aux indigènes 4.307 hectares de vigne en 1907, valant suivant lui cinq millions (1), et nous inscrirons ici au compte européen 738.000 francs.

6° Nous ferons de même enfin — et sous les mêmes réserves — pour les dépenses spécialement urbaines des divers budgets : éclairage et nettoiement, soit près de 3 millions.

En fin de compte on arrive ainsi à 20 millions et demi. De sorte que les dépenses paraissant profiter exclusivement aux indigènes et aux européens sont à peu près de 12 millions et demi et de 20 millions et demi.

Les proportions des profits exclusifs par rapport au budget de 212 millions sont donc d'environ 9,7 % pour les européens et de 5,9 % pour les indigènes. Les européens paraissent donc profiter du budget pour 3,8 % de plus que les indigènes (9,7 — 5,9).

Peut-être serait-ce le moment de rappeler qu'ils alimentent ce même budget par une contribution de 18 % plus forte que celle des indigènes. (3)

Il s'ensuit qu'à ce point de vue spécial des *profits exclusifs*, les européens devraient, pour que la justice soit satisfaite, prélever 8 % en plus, soit 17 millions *qu'ils ne prélèvent pas*.

Avons-nous épuisé l'étude de la répartition des profits ?

Pas encore ; bien que la conclusion précédente suffise incontestablement à détruire l'argument un peu trop simple tiré de l'exemple inexact de Tizi-Ouzou.

Une dernière considération s'impose, en effet : Si on déduit les deux parts spéciales que nous venons de définir, il reste 182 millions de dépenses communes. Or, elles se traduisent par l'existence même de l'Algérie, prolongement de la France, avec son milliard de commerce, son outillage économique, ses hauts salaires, sa paix et sa prospérité. Elles signifient la France, sa justice et sa force, au lieu du Gouvernement turc, des massacres, des pilleries et de la bastonnade. De quelle façon un peuple profite-t-il de telles réformes et de telles dépenses ; de quelle façon les Arabes profitent-ils de la

---

(1) Rev. Ec. pol. 1910, p. 399.

(2) Les proportions indiquées au texte sont d'ailleurs trop favorables aux indigènes : on n'a pas tenu compte en effet des cinq millions prélevés sur le fonds de réserve pour parer à des évènements calamiteux. (Projet de budget de 1913, p. 42 = 5.069.000) et qui profitent à la population proportionnellement à son chiffre.

(3) Voir ci-dessus p. 29 : 59 % — 41 % = 18 %.

paix, des routes, des salaires, des débouchés, des chemins de fer ? La réponse est certaine : Ils en profitent *proportionnellement à leur nombre*, c'est-à-dire pour 85 %.

Et ainsi, il suffit de parcourir le budget de ce pays pour apercevoir la vérité : Les indigènes profitent des dépenses publiques plus qu'ils n'y contribuent. Cela est bien et cela est juste, parce que la France entend civiliser et assimiler, et parce qu'elle travaille patiemment et prudemment à amener à elle une masse pour laquelle chaque acte de bonté est un des efforts infiniments petits dont la somme détruira, quand les temps seront venus, le rempart de fanatisme qui sépare encore les musulmans de nous.

Une telle conclusion suffit à cette étude. On n'a pas entrepris ici de tracer un programme fiscal ; on a volontairement laissé de côté l'étude des réformes utiles à apporter au régime actuel ; on a envisagé la seule question de savoir si oui ou non les européens et les indigènes supportent également ou équitablement la charge fiscale, ou bien si, au contraire, les indigènes ne paient pas presque tout en ne profitant de presque rien.

On s'est placé successivement au point de vue purement fiscal, puis à celui du sacrifice consenti, enfin à celui du profit retiré. La force des chiffres a déterminé trois fois la réponse : Non le régime actuel n'est pas injuste ; non, les colons ne profitent pas de tout en ne payant rien.

Chacun, au contraire, paie à peu près ce qu'il doit, et les indigènes un peu moins que leur part.

Emile CHAUVIN.
Professeur agrégé à la Faculté de droit d'Alger
Licencié es-sciences mathématiques.

TABLEAU des Mutations Immobilières

(Exposé de la situation générale de l'Algérie présenté en 1912, p. 147. sq.)

	EUROPÉENS A INDIGÈNES		INDIGÈNES A EUROPÉENS		INDIGÈNES A INDIGÈNES	
I. Immeubles ruraux :	Surfaces	Prix	Surfaces	Prix	Surfaces	Prix
Dép. d'Alger	30.877	6.179.000	66.160	8.726.000	181.799	26.639.000
Dép. d'Oran	58.337	9.834.000	180.416	20.691.000	190.038	17.408.000
Dép. de Constantine....	71.641	15.034.000	69.254	11.145.000	157.095	30.432.000
Totaux	100.856	31.047.000	315.830	40.562.000	528.932	74.479.000
	Prix moyen : 193 fr.		844.762 h. — 115.041.000			
			Prix moyen : 136 fr.			
II. Immeubles urbains :						
Dép. d'Alger	310	639.000	11	177.000	333	444.000
Dép. d'Oran	430	3.182.000	722	1.360.000	250	6.888.000
Dép. de Constantine....	1.408	4.007.000	206	1.282.000	165	2.967.000
Totaux	2.148	7.828.000	920	2.819.000	748	10.299.000
	Prix : 3.644 fr.		3.002 — Prix moyens : 13.768			
			Total : 1.687 h. — 13.118.000			
			Prix moyen : 7.776 fr.			
Ensemble :....	163.003 h. pour 38.875.000		316.769 h. pour 43.381.000		529.680 h. pour 84.778.000	
	Prix moyen : 238 fr.		138		160	
			846.440 h. pour 128.150.000			
			Prix moyen : 151 fr.			

TABLEAU DU CHEPTEL ALGÉRIEN [1]

	EUROPÉENS		INDIGÈNES	
	QUANTITÉS	VALEURS	QUANTITÉS	VALEURS
Bœufs (232 fr. 50).......	175.746	40.395.945	935.996	217.619.070
Moutons (36 fr. 10)......	734.272	26.507.219	6.610.501	238.639.086
Chèvres (16 fr.).........	83.607	1.337.712	3.377.414	54.038.624
Totaux...........		68.240.876		510.296.780
Chevaux (300 fr.)........	30.783	9.234 900	44.881	13.464.300
Juments (350 fr.)........	16.829	5.890.150	72.211	25.273.850
Poulains (180 fr.).......	10.146	1.826.280	46.574	8.383.320
Mulets (500 fr.).........	49.484	24.742.000	140.147	70.073.500
Anes (26 fr.)...........	7.900	205.400	244.594	6.359.444
Totaux...........		41.898.730		123.554.414
Total général........		110.139.606		633.851.194

(1) Statistique générale de 1910, p. 256, 258, 259 et 260.
Statistique des Douanes, p. 116 et 117.

TABLEAU des Dépenses qui paraissent profiter exclusivement aux Indigènes

I. — Culte.

Allocations et indemnités de fonctions. (Budg. de 1913, Sect. IV, ch. 6)	172.287	
Edifices musulmans. III. 42. (Délég. fin. Ass. pl. p. 723. Séance 13 juin 1912)	100.000	273.587
Pensions au clergé	1.300	

II. — Assistance et prévoyance.

Assistance et prévoyance indigènes. (IV. 5)	385.000	
Frais d'hospitalisation. III. 14. (p. 150 du projet de budget)	100.000	2.095.000
Participation aux services communs. (3 m. × 0,3) p. 132 du projet de budget)	900.000	
Centimes d'assistance. (IV. 18)	710.000	

III. — Enseignement.

Enseignement indigène. (IV. 7 à 13)	2.662.400	
Participation à l'enseignement commun. (III. 43 à 64) (Projet de budg. p. 140) = 10,3 × 0,25	2.600.000	6.680.000
Id. Budg. communaux. Statist. financière 1910, p. 113 : 5,67 × 0,25 =	1.418.000	

IV. — Administration.

Personnel des communes mixtes et adjoints indigènes. (IV. 1)	1.086.000	
Subsides aux adjoints indigènes. (IV. 2)	54.000	
Matériel des communes mixtes (IV. 3)	253.000	
Subsides aux serviteurs indigènes. (IV. 4)	65.850	
Justice musulmane (IV. 14 et 15)	96.000	
Constitution de la propriété indigène (Sénatus-Consulte). IV. 16	190.000	3.432.850
Enquêtes partielles. (IV. 17)	525.000	
Traductions. (IV. 19)	15.000	
Administration militaire des territoires du Nord. (IV. 20-22)	75.000	
Prélèvement des chefs indigènes. (V. 22)	1.073.000	

Total		12.481.437

TABLEAU des Dépenses qui paraissent profiter exclusivement aux Européens

I. — Culte.

Cultes européens. Budg. pour 1913. Sect. I, ch. 3 : 240.900 et III. 33 : 308.200 = ...	550.000	550.000

II. — Assistance et prévoyance.

Subventions. Mutualité. (III. 20-21)...............	123.500	
— Pompiers. (III. 22)................	20.000	
Assistance publique. (3 m. × 0,70) (III. 4 à 15)....	2.100.000	
Enfants assistés. (Budg. départem.) Statist. 1910, p. 19	342.000	2.997.500
Assistance de l'enfance : rapatriement des indigents européens, secours aux mêmes (III. 8 à 10)	228.000	
Secours incendie. (Bud. Com. Stat. 1910, p. 112)...	184.000	

III. — Enseignement.

Enseignement commun. III. 43 à 64. (10 m. 3 × 0,75)	8.000.000	
Enseignement. Bud. Com. Stat. 1910, p. 113. (5,67 × 0,75)	4.252.000	13.069.000
Beaux-arts. (III. 34 à 41).....................	257.000	
— B. C. Stat. 113.....................	560.000	

IV. — Sociétés et fêtes européennes.

Subventions à sociétés. (II. 12-13)...............	54.000	
— (B. C. Stat. 113)...................	203.000	431.000
Fêtes publiques. (B. C. Stat. 113)...............	174.000	

V. — Vignoble.

Lutte contre le phylloxera. (VIII. 20)............	615.000	
Service ampélographique. (VIII. 21-22)..........	9.000	738.000
Vignoble (taxe fournie par les européens. B. C. Stat. 19)	114.000	

VI. — Dépenses urbaines spéciales.

Eclairage communal	1.425.000	2.730.000
Cimetières et nettoiement.....................	1.305.000	
Total..................		20.515.500

La Réponse de M. Oualid

M. William Oualid a eu connaissance des articles de l'*Echo d'Alger* et il les a critiqués dans une réponse également publiée dans ce journal.

Voici cette réponse :

La longue et attachante série d'articles de M. le Professeur Chauvin sur la justice fiscale en Algérie, m'a valu un honneur auquel j'étais loin de m'attendre : celui d'être érigé en savant champion de l'arabophilie fiscale. C'est un hommage que je ne mérite pas. La nature même des articles que j'ai écrits sur la question de l'évaluation du capital algérien, le caractère essentiellement scientifique des revues où ils ont paru, ma qualité d'Algérien de vieille souche, plus soucieux de réalités que d'utopies, me rendent indigne d'un titre que d'autres pourraient revendiquer à meilleur droit. Si mes recherches m'ont conduit à certaines conclusions de fait, jamais elles n'ont été entreprises en vue d'une thèse à soutenir. Dresser un bilan de la fortune des divers éléments de la population algérienne, tel était le but que je m'efforçais d'atteindre dans la mesure où le permettaient les sources documentaires utilisables. Seul le capital pouvait former l'objet d'une étude de ce genre. Quant au revenu, véritable mesure de la capacité contributive des individus, d'après les conception de la fiscalité contemporaine, les données en faisaient complètement défaut.

Ceci dit sur la tendance de mes travaux, qu'il me soit permis de répondre avec toute la brièveté possible, aux objections qu'y adresse M. le Professeur Chauvin. Elles se ramènent à deux principales : la première visant ma méthode d'évaluation de certains éléments de la fortune algérienne ; la seconde, les conclusions que j'en ai dégagées concernant la répartition des charges fiscales entre Indigènes et Européens.

Reprenons d'abord les critiques relatives à l'évaluation de la propriété foncière, de la propriété mobilière et du cheptel.

A la longue analyse que j'avais faite de la propriété non bâtie et où je distinguais les terres à céréales, les vignes jeunes et adultes, les cultures industrielles, orangeries et terres incultes. M. Chauvin propose de substituer une estimation globale. « Pourquoi, dit-il, introduire une complication inutile en un domaine où la vérité ne peut être saisie qu'avec une très grossière approximation ? » Mais pour la raison manifeste aux yeux de tous les économistes, qu'on ne saurait faire bloc d'éléments aussi variés quand on peut l'éviter, force est bien malgré tout d'attribuer aux terres européennes comportant 173.000 hectares de vignobles en plein rapport, 11.000 hectares d'orangeries et 1.200.000 de champs cultivés, et 355.000 seulement de brousse inculte, une valeur unitaire supérieure aux immenses territoires dont les indigènes tirent en céréales à peine la moitié du *bechna*, dont la moitié se repose en jachère chaque année, on compte seulement 4.000 hectares de vignes, 1.700 d'orangeries, 112.000 de cultures diverses et 1.400.000 de terrains incultes et de parcours.

Sans prétendre arriver à une exactitude qu'il serait téméraire de vouloir rechercher, il paraît préférable de distinguer ainsi les éléments constitutifs de la propriété pour approcher un peu plus cette vérité fuyante, puisque l'Administration prend soin elle-même de faciliter cette distinction. Aussi bien, avons-nous été précédé dans cette voie par tous ceux que ne pouvait satisfaire une lointaine approximation. Quand on a de plus la bonne fortune de parvenir à un résultat quasi identique au moyen de calculs basés sur des données aussi différentes que les ventes entre Indigènes et Européens et le rendement moyen des terres européennes et indigènes, il y aurait mauvaise grâce à se contenter d'un procédé rudimentaire comme l'évaluation globale de la terre appropriée. N'est-ce pas vraiment déprécier par trop l'apport en travail du colon que d'estimer à 438 millions les 1.800.000 hectares qu'il exploite, quand les 182.000 hectares de ses vignobles jeunes ou adultes en valent à eux seuls presque autant ?

Tout en me reprochant le caractère conjectural de certaines de mes évaluations de la fortune mobilière, M. Chauvin ne prête-t-il pas lui-même le flanc à cette critique quand il veut attribuer aux indigènes les 25 % des 446 millions de valeurs mobilières, de dépôts en banque et dans les caisses d'épargne (chiffres de 1908) ?

Affirmer que les Indigènes ne possèdent aucune valeur mobilière n'a rien de téméraire. M. Chauvin le reconnaît quand il estime avec M. Cochery à 0 leur part dans l'impôt de 4 % sur leur revenu. Si on les déclare exempts de cette charge fiscale, il est juste, à tout le moins, de ne pas leur attribuer de part dans la matière imposable.

La vraie caisse d'épargne du fellah indigène, c'est la caisse de prévoyance, où il avait déjà 17 millions de dépôts en 1907 et 21 millions en 1910.

Resteraient donc en litige les 185 millions de dépôts en banque de 1908. A supposer avec M. Chauvin que les indigènes en possèdent le quart, ces 46 millions ne modifieraient guère les proportions que j'avais assignées aux parts respectives des Indigènes et des Européens dans la fortune algérienne : 38 et 62 %.

« Il y aurait bien à dire, ajoute M. Chauvin, sur l'estimation du cheptel, car les derniers chiffres évaluent à 13 millions de têtes le cheptel indigène et à 1 million l'européen, soit 13 fois moins, alors que M. Oualid pense que la richesse indigène n'est sur ce point que de 6 fois supérieure. » La raison de ce paradoxe apparent est aisée à découvrir. Oui, les Indigènes avaient, en 1906-1907, 10 fois, et non 13 fois plus de têtes de bétail que les Européens (12 millions contre 1.100.000), mais si leurs animaux ne valent que six fois plus, c'est que la composition en est différente. Dans cet immense troupeau de 19 millions de têtes figurent 10 millions de moutons et de chèvres, 240.000 ânes et 83.000 chameaux. En revanche, il compte seulement trois fois plus de chevaux et de mulets et cinq fois plus de bœufs que le cheptel européen.

Ainsi s'explique uniquement par la nature du bétail approprié, — comme se justifiaient tout à l'heure par les différences de cultures, — des différences de valeurs au premier abord énormes et énigmatiques.

Passons maintenant au deuxième ordre de critiques : celles qui ont trait aux conclusions déduites de mon étude touchant la répartition du fardeau fiscal entre les deux parties de la population algérienne.

Écartons en quelques mots une prétendue erreur de calcul que j'aurais commise en fixant à 71 % la part des Indigènes *dans les impôts directs*. Il n'y a pas d'erreur. Telle était bien la proportion au moment où j'écrivais, en 1909, et je ne pouvais pas prédire à cette époque les chiffres de 1911. En 1907, les Indigènes acquittaient 27 millions 131.585 francs en impôts directs et taxes municipales, sur un total de 38 millions 110.782 francs, soit exactement 71.19 %.

On ne me pardonne pas surtout d'avoir restreint la comparaison aux impôts directs. J'en aurais, dit-on, donné une unique et faible raison : l'impôt direct étant seul un impôt au sens strict du mot. Je demande pardon aux lecteurs de l'*Echo d'Alger* de reproduire en entier le passage incriminé de mon article, pour leur montrer que cette raison n'était ni la seule, ni la principale.

Laissons de côté, disais-je, les impôts indirects et ceux que nous y avons assimilés (octroi de mer, droits de stationnement et d'abatage). Une double raison motive cette réserve. En premier lieu, n'étant pas perçus en vertu de rôles nominatifs, il est tout-à-fait hasardeux de déterminer la proportion dans laquelle chaque fraction de la population contribue à la masse de ces impôts. La preuve de ce caractère conjectural ressort de la façon même dont l'administration établit le rapport précité. Partant du principe essentiellement hypothétique que la puissance consommatrice d'un indigène est huit fois moindre que celle d'un Européen (voire même quarante fois), elle en déduit que le premier supporte seulement par tête un huitième des taxes de consommation du second. Purement arbitraire, ce mode de calcul fait, en effet, abstraction d'une quantité de facteurs dont le problème se trouve compliqué et auxquels une simple et brève allusion est seule ici possible. La somme des taxes de consommation dépend moins de la quantité d'objets consommés que de leur nature même. L'alcool est un produit dont l'indigène, par raison religieuse, évite l'emploi, mais le sucre joue un rôle considérable dans son alimentation. Les cafés, les denrées coloniales sont, en général, avec les tissus, les éléments principaux de sa consommation et ils acquittent une part notable tant des droits de douane que de l'octroi de mer.

En second lieu, le caractère essentiellement différent de leur perception dicte la prudence dans l'assimilation des impôts directs aux impôts indirects. Ces derniers ont souvent, en un certain sens, la portée de simple taxes acquittées volontairement par le contribuable à l'occasion d'un acte particulier qu'il pourrait éviter, ou d'une consommation dont il se passerait facilement. Il en est autrement de l'impôt direct ; lui seul est un impôt au sens strict du mot, celui dont le paiement est imposé aux con-

tribuables et pour la perception duquel la communauté est armée vis-à-vis de l'individu, de redoutables moyens de coercition.

Donc, à ces deux points de vue, au point de vue scientifique d'abord.... au point de vue financier ensuite.... les impôts directs méritent seuls d'entrer en ligne de compte dans le parallèle des charges fiscales européennes et indigènes. L'optimisme des évaluations administratives s'en trouve alors singulièrement amoindri.

A qui fera-t-on croire vraiment qu'un citadin indigène ne consomme en moyenne que huit fois moins qu'un européen, et en tous cas n'y a-t-il pas une contradiction flagrante à dire que l'indigène de la commune mixte de Dra-el-Mizan ou de Fort-National consomme cinq fois moins encore que son congénère des communes de plein exercice portant le même nom. Admettons-le cependant ! Est-ce encore une raison suffisante pour appliquer ce coefficient de répartition à l'octroi de mer ou aux droits de douane, sous prétexte que tel est le taux suivant lequel ce produit se trouve partagé entre les parties prenantes : communes mixtes et communes de plein exercice ? Qu'on songe au principaux articles dont la taxation alimente les douanes et l'octroi de mer, ce sont les sucres, article de grosse consommation indigène (huit millions et demi de droits en 1910), les huiles minérales (750.000 francs), le thé (450.000 fr.), les épices (500.000 fr.), le tabac (725.000 fr.), et les tissus de coton (166.000 fr.). Quel Algérien, conduit par ses promenades dans les rues de la Lyre ou Henri-Martin, dans les drogueries et les magasins de tissus, ou encore sur les marchés arabes, n'a eu la sensation très nette que ce sont là tous des articles de consommation générale, aussi bien indigène que française — on pourrait presque dire surtout indigène ! Loin de nous d'ailleurs l'idée d'en faire grief à l'administration. Elle cherche, à juste titre, la matière imposable la plus répandue, la marchandise la plus demandée. Mais alors, avouons que quarante indigènes de communes mixtes boivent tout de même, *à eux tous*, plus de café et de thé, mangent plus de sucre, de poivre et de canelle, usent plus de cotonnades et de lainages qu'un seul européen !

En tous cas, qu'on ne nous reproche pas d'avoir borné notre étude aux impôts directs, puisqu'aussi bien nous l'avons fait, non pas dans un but de polémique ou d'apologétique, mais uniquement sous l'empire d'un scrupule scientifique : le désir d'écarter, cette fois, le terrain trop glissant, mais parfois inévitable, de la conjecture.

Je m'excuse du fastidieux défilé de chiffres que je viens d'imposer à la patience du lecteur. Qu'il ne voie pas dans cette réponse, l'expression de la mauvaise humeur d'un auteur critiqué. Je constate, au contraire, avec une satisfaction profonde, que l'opinion algérienne s'empare de questions trop longtemps restées dans le domaine des initiés. Entreprises avec bonne foi, ces études serviront à serrer de plus près le grave problème des relations entre indigènes et européens. Elles parviendront à les améliorer en détruisant un grand nombre de légendes, hâtant ainsi le merveilleux essor de nolre belle Algérie. Je serai heureux, pour ma part, d'y avoir contribué, fût-ce seulement en suscitant par mes travaux, la critique amicale et courtoise du savant auteur de la « Justice fiscale en Algérie ».

WILLIAM OUALID.

Ancien chargé de conférences de science financière
à la Faculté de Droit de Paris.

*
* *

La réponse qu'on vient de lire se résume en deux groupes d'affirmations. Examinons-les séparément :

I. — *Sur le point de savoir si les évaluations de la fortune algérienne données par M. Oualid sont justes, ou si au contraire les corrections proposées ici doivent leur être apportées :*

1º M. Oualid affirme qu'on ne doit pas déterminer le prix moyen de l'hectare européen et indigène en tenant compte simplement des relevés statistiques des ventes consenties par des européens et par des ndigènes, mais qu'il faut évaluer à part, comme il l'a fait, les diverses espèces de cultures.

RÉPONSE :

M. Oualid a procédé ainsi :

a) Il a d'abord dit : « de 1900 à 1907 les européens ont vendu aux indigènes « 95.872 hectares pour 19.260.000 fr. ce qui donnerait un prix moyen de 199 « francs ». (page 395, Rev. Ec. pol. de 1910).

b) Ensuite il a ajouté : « Mais il faut réduire la surface vendue à 72 % de sa grandeur car les cultures en céréales ne représentent que cette proportion : on obtient ainsi 69.000 hectares environ vendus pour 19 millions, ce qui met l'hectare moyen à 280 fr. »

c) *En 3ᵉ lieu* il a affirmé que ce chiffre moyen lui-même doit se décomposer en deux autres moyennes, savoir : 1º 240 fr. pour 63.000 hectares et 2º 754 fr. pour le reste qui est environ 6.000 hectares.

d) *Enfin* il a majoré le chiffre de 240 fr. et l'a porté à 250 fr. parce que, dit-il, un européen ne vend pas en général à un indigène un fonds en plein rapport (p. 396).

Telles sont les quatre étapes qu'il faut parcourir pour accepter avec M. Oualid que 1.195.000 hectares cultivés en céréales par les Européens valent 299 millions, alors que la statistique des ventes nous apprendrait que 1.195.000 hectares valent seulement 240 millions.

Or ces quatre degrés sont bien difficiles à franchir. En effet :

a) Le chiffre de 199 francs est faux : c'est 201 francs qu'il faudrait lire, car 95.872 × 201 = 19.270.272, tandis que 95.872 × 199 = 19.078.528 < 19.260.000.

b) Si on réduit la surface vendue qui est de 95.872 hectares en la multipliant par 0,72 et si on conserve cependant le prix global de 19 millions, on admet que la différence, soit 27.000 hectares environ a été donnée *pour rien* par les Européens aux Indigènes, ce qui est vraiment extraordinaire.

c) La troisième affirmation n'est nullement justifiée et la décomposition de la valeur moyenne de 280 fr. en deux autres de 240 fr. et de 754 fr. est une opération tout à fait divinatoire.

d) Enfin la majoration de 240 fr. à 250 fr., justifiée par ce que l'européen ne vendrait jamais à l'indigène des terres en plein rapport, est non moins arbitraire. En effet, les vendeurs vendent quand ils y ont intérêt : quel oracle a appris à M. Oualid que les européens éprouvent du plaisir à vendre aux indigènes leurs terres 10 francs moins cher qu'elles ne valent ?

Pour ces quatre raisons il semble bien que la méthode de M. Oualid n'est pas satisfaisante et qu'il est infiniment plus clair et plus simple de dire : En 10 ans, il y a eu 163.000 hectares de vendus pour le prix de 39 millions, Une surface aussi importante doit très probablement contenir toutes les espèces de cultures, nous dirons donc que le prix moyen de l'hectare est aux environs de 238 fr. ; d'autre part les indigènes ont vendu 846.000 hectares pour 128.000 fr., donc le prix moyen doit être aux environs de 151 fr.

Cependant j'ai pensé en reproduisant ici les articles publiés dans l'*Echo d'Alger* qu'il pouvait y avoir une parcelle de vérité dans l'objection relative à la culture de la vigne : Les 148.000 hectares de vigne dont s'enorgueillit l'Algérie sont en effet une richesse si importante et si spéciale qu'il convient de l'évaluer à part ; je l'ai donc estimée à raison de 2.000 fr. et de 1.000 fr. l'hectare, suivant l'âge de la vigne ; de sorte que sur ce point mon contradicteur a maintenant satisfaction et que les conclusions, d'ailleurs identiques, auxquelles j'arrive par ce nouveau chemin ne peuvent plus être critiquées par lui de ce chef.

2° En ce qui concerne la propriété mobilière, M. Oualid expose que c'est faire œuvre conjecturale que d'attribuer comme je l'ai fait 25 % des valeurs mobilières, dépôts en banque et fonds de caisses d'épargne, aux indigènes et il triomphe de ce que tout en leur faisant cette attribution de 25 % j'ai cependant estimé avec M. Cochery à 0 leur part dans la charge de l'impôt de 4 % sur le revenu des valeurs mobilières, ce qui serait une contradiction.

RÉPONSE :

a) J'ai estimé (p. 26) à 10 % et non à 25 % la part qu'il convient de reconnaître aux indigènes dans les valeurs mobilières, les dépôts et les fonds de Caisses d'Epargne, c'est-à-dire à 46 millions en tout et à 22 millions en ce qui concerne les valeurs mobilières et je reconnais bien volontiers à la note de la page 11 qu'il faut symétriquement augmenter en 1912 la charge fiscale supportée par les indigènes de 38.000 fr., mais comme ce chiffre ne peut pas changer une décimale au tableau de la page 12 où ne figurent que des chiffres ronds, on ne pouvait évidemment pas en tenir compte dans la description générale de la répartition fiscale.

3° *En ce qui concerne le cheptel.* — M. Oualid explique que le rapport numérique entre le cheptel indigène et celui des colons ne détermine pas un rapport correspondant entre les valeurs de ces deux richesses : Il y a en effet, dit-il une très forte proportion de chèvres dans le cheptel indigène, et aussi des ânes et des chameaux en quantité ; il ne faut donc pas croire que les valeurs sont comparables comme les nombres ! (p. 37).

RÉPONSE :

L'affirmation de M. Oualid m'a semblé un peu inquiétante. J'ai craint qu'il n'ait pensé qu'il y eut un espèce de statut personnel du bétail algérien et qu'on ne fut suspect d'arabophobie en évaluant au même prix la chèvre musulmane et la chèvre chrétienne. C'est pourquoi, au lieu d'une observation imprécise, j'ai cru devoir apporter ici les chiffres exacts qui définissent entièrement le cheptel européen et indigène en quantité, et j'y ai ajouté les valeurs acceptées par la commission des valeurs en douanes. L'évaluation devient ainsi précise et complète et il faudrait pour l'attaquer contester les chiffres de la statistique ou les évaluations de la commission.

*
* *

II. — *Sur le point de savoir si la comparaison instituée entre les charges fiscales supportées par les Européens et par les Indigènes doit être restreinte, comme le pense M. Oualid, aux impôts indirects, ou bien si au contraire elle doit s'étendre à tous les impôts :*

1° M. Oualid explique qu'il a donné, pour exclure de son étude les impôts indirects, non par une seule raison, — celle que j'ai critiquée — mais bien deux.

Cette première raison que j'aurais méconnue est celle-ci : « Il est impossible, dit-il, en l'absence de rôles nominatifs, de déterminer avec précision « la part supportée par les indigènes dans les impôts indirects, donc il est « préférable de *laisser de côté* ces impôts » (p. 38) — et la preuve du caractère « conjectural de tout essai de ventilation de la charge ressort de ce fait que « pour les douanes et l'octroi de mer on suppose que l'indigène de commune « mixte consomme 40 fois moins que l'européen, et celui de commune de « plein exercice 8 fois moins ».

RÉPONSE :

a) En droit l'argument est singulier : En admettant en effet que nous ne puissions pas déterminer avec une rigoureuse exactitude le coefficient de participation des indigènes à l'impôt indirect, ce ne serait pas une raison pour affirmer que ce coefficient est égal à 0,7. Or, c'est cependant ce que fait M. Oualid : en « *laissant de côté* » les impôts indirects, il en arrive en effet à une conclusion où sont comparées uniquement les charges fiscales *directes* des européens et des indigènes et c'est exactement comme s'il affirmait que pour les impôts indirects les indigènes paient la même proportion que pour les impôts directs. Or il faut reconnaître que cette affirmation est un peu plus hasardeuse que la proportion admise sous le contrôle des communes intéressées pour la répartition de l'octroi de mer. (1)

---

(1) La monographie d'une famille indigène, relativement aisée, habitant les terres fortes des environs de Relizane publiée récemment dans la Revue agricole et viticole par M. le Men, ingénieur-agronome (p. 85 à 88) en est la preuve. Nous y trouvons pour une famille composée du mari, de la femme et de deux enfants : 82 fr. d'habillement, étoffes, chaussures et coiffure, par an ; 16 fr. d'éclairage, 0 fr. de tabac, 41 fr. 60 de café et sucre, 3 fr. de sel. Or il n'est nullement déraisonnable de dire qu'une famille d'Européens, de 4 personnes, dépenserait normalement 8 fois plus.

Il en est de même à fortiori pour les impôts indirects autres que les douanes et l'octroi de mer, relativement auxquels, après des investigations directes particulièrement aisées à bien faire notamment pour les impôts sur les actes, des coefficients très précis ont pu être déterminés. M. Oualid les a purement et simplement ignorés et n'a formulé contre eux aucune critique.

Il n'y a donc évidemment pas à s'arrêter à ce premier argument de M. Oualid et il n'y avait pas lieu d'en tenir un compte quelconque.

b) On se trouvait donc bien en réalité, en face d'un argument unique par lequel M. Oualid continue d'ailleurs à nous inviter à laisser de côté les impôts indirects, c'est celui qui consiste à dire que ce sont des taxes que le contribuable *acquitte volontairement* ! Or il n'y a rien à ajouter à la réponse qui a été faite au texte à cet argument.

⁎⁎

En résumé la réponse fort courtoise de M. Oualid complète d'une manière intéressante l'étude sommaire reproduite ici.

En ne critiquant qu'un très petit nombre des thèses développées dans l'*Echo d'Alger*, en n'élevant notamment aucune protestation contre l'analyse des Etudes publiées par lui dans la Revue d'Economie politique et dans le Bulletin des Etudes Algériennes, M. Oualid a reconnu que sa pensée n'avait été ni déformée ni mal comprise, or ceci est précieux en une matière si aride que toute insistance ou tout détail devient une fatigue pour le lecteur.

D'autre part en ne faisant porter sa discussion pénétrante et avisée que sur des points où la réponse apparaît aisée et claire, M. Oualid nous permet de penser qu'il n'y en a pas d'autres de vulnérables car son étude très sérieuse et fort documentée n'aurait sans doute pas manqué de les découvrir.

Ce nous a été une raison de présenter au lecteur avec quelque confiance l'essai de vulgarisation financière algérienne qu'on vient de lire.

E. C.

Note en réponse à un article du « Temps »
du 24 avril 1913

Depuis la publication des articles réunis ci-dessus, l'importance de la question fiscale algérienne a été mise en lumière par certaines affirmations énergiques et passionnées qui sont en contradiction directe avec la thèse soutenue ici.

« 1o A la séance de la Chambre du 14 mars 1913 (à propos de la proposition de M. Brousse, qui demandait qu'une contribution de 18 millions fût imposée à l'Algérie pour sa part dans les dépenses militaires), MM. Millevoye et Raffin-Dugens, députés, ont signalé l'injustice de la répartition de la charge fiscale : « *On ne se gêne pas pour faire suer le burnous !* » s'est écrié M. Raffin-Dugens, et comme on lui demandait quelques explications, il a ajouté : « J'ai lu à ce sujet le livre de M. Larcher, professeur à la Faculté de Droit d'Alger, c'est là que j'ai puisé mes renseignements ! »

« 2o Dans le numéro du 24 avril 1913, le journal *le Temps* a entrepris de démontrer par des chiffres que les indigènes sont lourdement surchargés par l'impôt. Il a présenté deux arguments, savoir :

« 1o Le revenu moyen de l'Européen est, suivant lui, de 15.500 francs, alors que celui de l'indigène n'est que de 400 à 600 francs.

« 2o Il s'ensuit que, en payant 16 francs d'impôt par tête, l'indigène paie cinq fois plus que l'Européen qui paie 80 francs.

Cette conclusion est logique, mais comment *le Temps* établit-il que l'Européen d'Algérie a, en général, 15.500 francs de revenu ? — En considérant la valeur des exportations de vin en 1911 (208 millions) et en la divisant par le nombre de viticulteurs (13.000).

Le Temps oublie évidemment deux choses :

« 1o Si on veut évaluer le revenu algérien en partant de la valeur des exportations, il faudra négliger arbitrairement les importations qui sont toujours supérieures, de sorte que la méthode sera incompréhensible.

« D'autre part et, même en admettant ce singulier principe, il faudrait dire : l'Algérie exporte pour 500 millions ; elle a 5 millions d'ha-

bitants, donc chacun d'eux a un revenu moyen de 100 francs, ce qui
n'avance à rien, et on ne peut rien ajouter de plus puisque la ventilation du revenu entre les producteurs indigènes et européens des différentes richesses est inconnue.

Enfin, si l'affirmation du *Temps* était vraie, on trouverait pour la population européenne, en supposant qu'il y ait un chef de famille, pour cinq individus, un revenu de plus de 2 milliards, ce qui impliquerait un revenu rigoureusement nul pour tous les indigènes, lesquels devraient être morts de faim depuis longtemeps.

« 2º En admettant que les 13.000 viticulteurs d'Algérie aient eu chacun 15.500 de revenu en 1911, cela ne nous apprend évidemment rien sur le revenu des 136.000 autres chefs de familles européens... la généralisation du *Temps* est donc impossible.

Il est inutile d'insister sur une pareille démonstration : il semble même difficile qu'elle ait été entreprise de bonne foi.

Elle montre seulement combien serait utile mais combien est rare la connaissance sérieuse de la question fiscale qu'on a essayé d'examiner ici.

E. C.

www.ingramcontent.com/pod-product-compliance
Ingram Content Group UK Ltd.
Pitfield, Milton Keynes, MK11 3LW, UK
UKHW020959120726
13693UKWH00004B/1739